이 책은 ⋯⋯⋯⋯⋯⋯⋯⋯ 의

작은 자서전입니다.

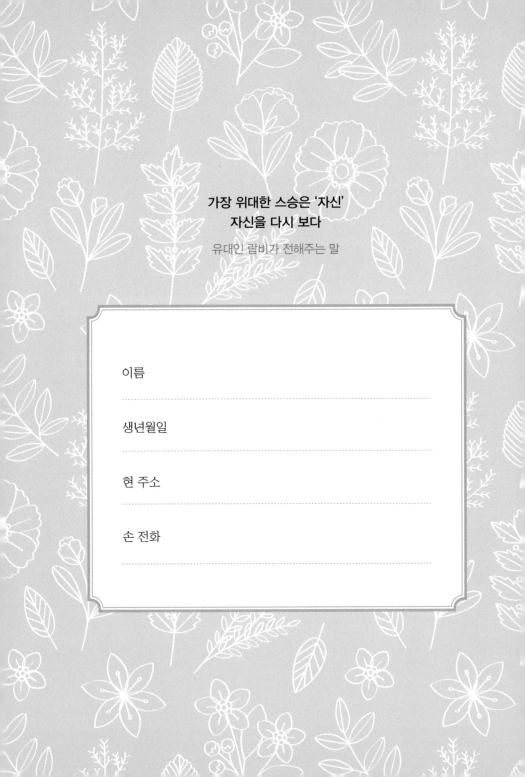

가장 위대한 스승은 '자신'
자신을 다시 보다

유대인 랍비가 전해주는 말

이름

생년월일

현 주소

손 전화

엔딩노트

나의 작은 자서전 만들기

산지니

250개의 질문으로 나의 생애를 정리하다

당신도 보다 쉽게 당신의 생애를 정리할 수 있습니다.
정리하면서 당신은 더 행복해질 것입니다.

어느 날 문득, '내가 늙었구나'라는 생각이 들었습니다.
사는 게 마냥 재미있었다는 생각이 슬그머니 뒤로 밀리면서 몸과 마음이
조금씩 무겁게 느껴집니다. 내 앞에 펼쳐질 인생을 기대하기보다는 지나
온 인생을 뒤돌아보게 됩니다. 앞으로의 시간들은 마치 좁은 골목처럼 무
엇인가 보일 듯 말 듯합니다. 인생을 다 산 것도 아니고, 그렇다고 남아
있는 세월이 그리 길지도 않은 중·노년의 시기에 내 인생, 내가 살아온
세월에 대해 생각과 질문이 필요하다는 자각이 들었습니다.

부산 서면에 '한국다잉매터스(Korean Dying Matters)'를 개소하여 약 3년간
중·노년기 발달 과정에 있는 분들과 '나의 삶과 죽음'이라는 주제로 학
습모임을 가졌습니다. 이 주제를 변용하여 숱한 제목으로 강의도 나갔
습니다. 그동안 '한국다잉매터스'는 60쪽짜리 '엔딩 노트 워크북'을 만들
어 강의와 모임을 이끌어왔습니다. 강의를 진행하는 강사들과 피드백을
주고받은 결과, 이제는 학습자나 강사들이 좀 더 많은 분량을 소화해낼
수 있겠다는 판단이 들어서, 기존의 워크북을 허물어버리고 새로이 책으

로 만들자고 의논하였습니다. 좀 더 세밀히 자신의 과거와 현재를 들여다보고, 남은 미래도 잘 계획할 수 있도록 하자는 목표로 이 책이 기획되었습니다.

지금부터, 이 책에 나오는 250개의 질문에 답을 적으면서 당신의 '자서전(自敍傳, Autobiography) 만들기'가 시작됩니다. 축하드립니다.

이젠 이 책을 자주 펼쳐야 합니다.
이 책에 당신의 생각, 느낌들을 많이 집어넣어야 합니다. 가급적 조용한 시간에 책을 펼치면 더욱 좋겠습니다. 당신은 이 책을 통해 당신의 지난 시간을 돌아보고, 지금의 당신을 성찰하며, 이제부터 남은 시간들을 어떻게 보내야 할 것인가를 생각할 것입니다. 어린 시절의 기억들은 그동안 잊고 살았기 때문에 잘 떠오르지 않을 수도 있습니다. 그러나 신기하게도 이 책의 질문에 하나하나 답하다 보면 먼 기억 속의 일들이 실타래처럼 풀려 나올 것입니다. 그리고 드디어 하나가 생각나서 한 칸을 채우면, 꼬리에 꼬리를 물고 나의 지난 삶들이 기억나며, 결국 여백이 당신의 글로 모두 채워질 것입니다.

시간이 날 때마다 책을 펴서 적고, 또 적어보세요.
그러면 당신이 어떻게 살아왔는지를 정연히 알 수 있고, 그 긴 시간을 돌이켜보면서 '지금의 나'는 얼마나 칭찬받을 만한 사람인지를 알게 될 것입니다. 두려워 마시고, 이 책을 통해 '숨어 있던 당신 삶의 의미들'을 찾아내길 바랍니다.

'자서전'은 내 삶을 정리하고 싶은 시기에 작성되기 때문에 인생의 마지막 책이라는 의미에서 '엔딩 노트'라 불리기도 합니다. 지금 당신이 펼치고 있는 이 책도 한편으로는 당신의 '엔딩 노트'입니다. 당신이 펼치는 페이지마다 당신이 답해야 하는 많은 질문들이 있습니다만, 그 질문 어디에도 정답이란 없습니다. 그 질문들을 읽고 떠오른 당신의 생각이 '바로 정답'입니다. 답을 적은 뒤 다시 적고 싶다면 되돌아가 고쳐도 됩니다. 여백이 있는 한, 당신의 답들은 수정되고 또 수정되어도 됩니다. 오히려 답을 수정할수록 내 삶이 더욱 명확히 이해될 것입니다. 다만, 답하기 어려운 질문이 있으면 뛰어넘어도 됩니다.

혹시 적기가 힘드시다면, 질문들에 입술로, 눈으로 답하셔도 됩니다. 가장 중요한 것은 책 속의 질문을 읽고 그 질문에 대해 생각하는 것입니다. 페이지를 넘기다 보면 당신의 머릿속에는 많은 생각과 감정이 떠오를 것입니다. 당신이 살아온 그 시간 속에 들어 있던 생각, 감정을 찾아내는 것이 두 번째로 중요한 일입니다. 그리고, 보다 자세히 자신을 성찰하기 위해 연필을 들어 적어봅니다. 적는 작업은 나의 생각, 감정을 보다 선명히 알 수 있게 해줍니다. 그러면 당신은 분명 행복감을 느낄 것입니다.

250개의 질문을 기본으로 하여 언젠가는 두툼한 '당신의 자서전' 한 권이 완성되기를 기대합니다.

과거는 이미 지나갔습니다. 지나가 버린 시간에 아쉬운 것들이 왜 없겠습니까만, 우리는 그 아쉬움 속에서 지금의 나를 더 행복하게 만들 수 있는 그 무언가를 찾아야만 합니다. 당신에게는 새로운 인생을 만들 수 있는 시간이 아직 있습니다. 이 책의 마지막 페이지를 덮으면서, '나는 잘 살았노라'고 말할 수 있는 기회가 올 것입니다. 이 '작은 자서전'은 당신이 마지막까지 가지고 있을 보물이 될 것입니다. 이 책을 사랑하는 가족에게 남기고 가셔도 됩니다. 어떤 유산보다도 귀할 것입니다.

삶과 죽음은 연결되어 있습니다. 언젠가 당신도 삶의 끝자락에서 죽음을 가까이 바라보는 날이 있을 것입니다. 그날을 위해, 이 책을 펼친 오늘부터 하루하루를 알뜰하고 행복하게 보내시기를 '한국다잉매터스'는 기대합니다.

이 책이 완성되기까지, 먼저 원고를 읽어준 한국다잉매터스 김태림, 박다견 소장께 감사합니다. 관련 그림책을 추천해주고 역시 원고를 꼼꼼히 읽고 코멘트해준 방현주 소장께도 감사합니다. 그리고 산지니 편집부에도 감사합니다. 다들 함께 해주어 저는 행복합니다.

2019년 4월 1일
'한국다잉매터스' 이기숙 씀

차례

250개의 질문에 답하는 요령

1. 가급적 첫 페이지부터 작성합니다. 그럼에도 불구하고 3부, 혹은 4부부터 작성하고 싶다면 눈으로 전체를 훑어본 다음 넘어가세요.

2. 주어진 여백이 부족하다면, 작은 메모지를 해당 페이지에 붙여 계속 적어도 되고, 따로 공책을 하나 준비해서 계속 적어도 됩니다. 이때에는 반드시 질문 번호를 메모해둡니다. (예를 들면, '13번에서 계속됨' 등)

3. 적은 글들은 언제나 수정이 가능합니다. 다른 색의 펜으로 수정하시고, 더 많이 적고 싶다면 여백, 혹 준비한 공책을 활용하세요.

4. 우리의 기억은 때론 틀릴 수도 있습니다. 우리의 결심은 때론 바뀌기도 합니다. 두려워 말고 내 마음에 떠오르는 대로 적으면 됩니다.

5. 혹시 질문에 답하고 싶지 않거나 자신은 해당되지 않는다면, 답하지 않아도 됩니다.

우리가 절망하고 힘든 것은
우리가 겪고 있는 어려움이나 고통 때문이 아니라
나의 삶의 의미를 찾지 못하기 때문이다.
나의 삶의 궤적을 훑어보면 내 인생의 의미를 찾을 수 있다.

빅터 프랭클 Viktor Frankl

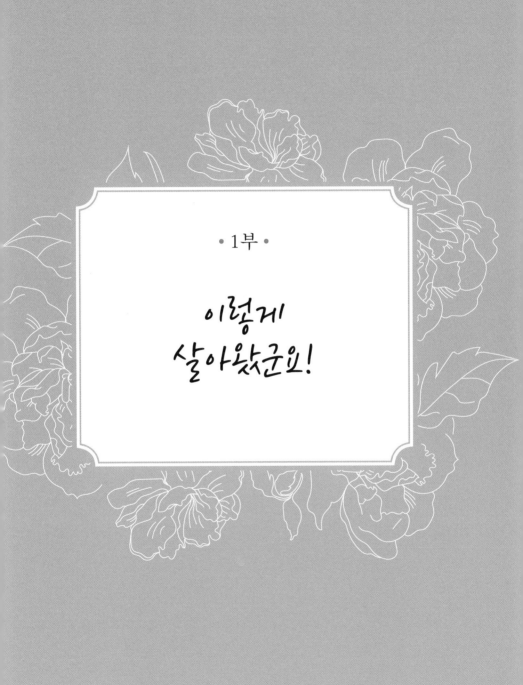

• 1부 •

이렇게
살아왔군요!

나의 탄생과 이름

당신이 태어난 날, 당신은 어떤 모습이었을까요?
우리 모두 사진이나 어른들의 이야기에서 그날의 자신을
어렴풋이 기억할 것입니다.
분명 많은 사람들이 당신의 탄생을 기뻐하고 축하했을 것입니다.
이제, 당신의 이야기들을 하나하나 풀어나가 봅시다.

✳ 당신의 어릴 적 사진들을 한번 찾아보세요.

1 당신은 언제, 어디서 태어났나요? 당신이 태어난 동네, 당신의 탄생에
얽힌 에피소드 등을 적어봅니다.

2 당신을 가장 명확히 설명하는 것은, 바로 당신의 **이름**입니다.
이름을 한글, 한자, 영문으로 모두 적어봅니다. 혹시 당신 이름이
뜻하는 어떤 의미(한자를 풀이해도 됩니다)가 있다면 그것도
적어봅니다. 당신의 사인도 멋지게 적어보세요.

3 당신은 '부모님'의 성함을 적을 수 있으시죠?
가능한 한글, 한자로 모두 적어봅니다.

----

4 당신은 '조부모님'의 성함을 기억하시나요?
가능한 한 친가(父系)와 외가(母系)의 조부모 성함을 모두 적어봅니다.
오랫동안 잊고 살았던 분들이죠.

----

5 당신의 '형제자매'는 어떻게 되십니까? 당신을 포함하여 형제자매의
이름을 출생순위로 적어보세요. 만일 사망한 분이 있으면 그분의 이름
옆에 '(○○세 때 사망)'으로 적으면 됩니다.

----

6 지금 당신에게 '배우자'가 있습니까? 있다면 배우자의 이름과 나이를
적어보세요. 당신이 배우자를 부르는 편한 별칭이 있다면 그것도
적어보세요.

7

당신에게 '자녀'가 있다면, 그 자녀의 이름과 나이를 적어봅니다.
그 자녀들은 지금 어디서, 무엇을 하면서 살고 있습니까?

8 당신에게 '손자, 손녀'가 있다면 친손과 외손을 구별하지 말고, 생각나는 대로 그 이름과 나이를 적어보세요. 그 손주들은 지금 어디서, 어떻게 살고 있나요?

----

9 당신에게 (배우자가 살아 있든, 돌아가셨든 관계없이) '배우자의 형제자매'가 있다면 그 이름들을 한번 적어보세요. 혹시 이름이 생각나지 않는다면 다음에 확인해서 꼭 적어보세요.

생애 단계

출생에서 사망까지, 평균 100여 년이 되는 인간의 생애를 연구한 학자들은 생애를 단계로 나누어 분석하곤 합니다. 그래야만 각 단계의 발달 특성이 드러나고, 나이 들면서 그 특성들이 어떻게 변화, 발전하는가를 잘 고찰할 수 있기 때문입니다. 레빈슨(Levinson)은 우리의 생애를 봄, 여름, 가을, 겨울로 나누었습니다. 멋진 표현이지요. 당신은 지금 인생계절의 어디쯤에 서 있습니까?

생애는 가장 단순하게는 어린(미성숙) 시기와 어른(성숙) 시기로 나누어집니다. 어린 시기(childhood)도 2세까지의 영아기, 2~6세의 유아기, 6~12세의 학동기, 12~18세의 청소년기로 나누곤 합니다. 이 책에서는 편의상 학동기는 초등학교 시절로, 청소년기는 중ㆍ고등학교 시절로 표시합니다.

어른 시기(adulthood)란 대략 18세 이후부터 사망 때까지를 말합니다. 이 시기도 성인 초기(18~35세), 성인 중기(35~65세), 성인 후기(65세 이후)로 나누곤 합니다만 학자들에 따라 연령이 다소 다릅니다. 성인 후기인 노년기도 수명이 증가하면서 더 정확한 노인 연구를 위해 노년 전기(65~75세), 노년 중기(75~85세), 노년 후기(85세 이상)로 나누곤 합니다. 이 책에서는 개인별 차이, 환경 차이를 고려하여 회상하기 쉽게 나의 20대, 나의 50대, 나의 70대 등으로 지칭합니다.

나의 어린 시절

10 자신의 5, 6세 때의 어떤 일이 기억나시나요? 무언가
   긴가민가하면서도 떠오르는 어떤 기억이 있다면 한번 적어보세요.

----

11 당신이 다닌 초등학교(당시는 국민학교라고 불렀죠)의 명칭은
   무엇인가요? 그 학교는 어느 지역에 있었습니까?
   (혹시 전학을 다녔다면, 학년별로 다닌 학교를 모두 적어보세요.)

엔딩 노트

12 당신의 초등학생 시절을 회상하니, 어떤 추억들이 떠오릅니까?
친구들, 학교 생활, 집안일 등… 그 시절의 기억들을 생각나는 대로
적어보세요. (만일 여백이 부족하다면 포스트잇을 붙여서라도 생각나는
것들을 모두 적어보세요. 한 가지만 생각하면 실타래처럼 수많은
추억들이 떠오를 것입니다.)

13 혹시 이 시절을 생각할 때마다 떠오르는 가슴 아픈 사연이 있다면,
   적어보세요.

----

14 동시에, 초등학교 시절을 생각할 때 웃음이 지어지는 어떤 추억이
   있다면 그것도 적어보세요.

나의 청소년/청소녀 시절

15 당신이 중학교를 다녔다면, ① 학교명과 입학연도는? ② 그 시절에 가장 좋아했던 과목은? ③ 혹시 기억나는 선생님이 계십니까? 왜 유독 그분이 생각날까요?

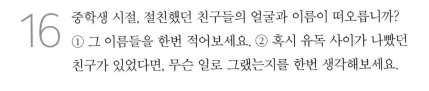

16

중학생 시절, 절친했던 친구들의 얼굴과 이름이 떠오릅니까?
① 그 이름들을 한번 적어보세요. ② 혹시 유독 사이가 나빴던
친구가 있었다면, 무슨 일로 그랬는지를 한번 생각해보세요.

17

중학교에 다닐 때 당신도 무언가 열심히 했을 것입니다. 무슨
활동들에 열정을 쏟았습니까? 무얼 하면서 놀았습니까?

18

당신이 중학교를 다니던 그 시기, ① 대한민국에는 어떤 역사적 일이나 사회적 사건, 사고가 있었습니까? ② 그 사건, 사고가 자신과 가족에게 미친 영향이 있다면 상세히 적어보세요.

19 당신이 중학교를 다니던 그 시절을 생각하면,
① 어떤 행복했던 기억이 납니까? 혹 ② 어떤 괴로웠던 기억이
납니까? ③ 지금 생각하니, 그 행복과 불행이 당신의 인생에 어떤
영향을 미쳤습니까?

20 14, 15세의 중학생 시절, 당신은 죽고 싶다고 생각한 적이
있었습니까? 왜 그랬을까요?

21 당신이 고등학교를 다녔다면, 학교명과 그 시기는?
그때 당신의 나이는?

----

22 그 시절, 당신이 친하게 지냈던 친구들은 ① 누구누구입니까?
② 그 친구들 가운데, 지금도 교류하고 지내는 친구는
누구입니까? ③ 훗날, 당신의 자녀가 그 친구들에게 당신의
죽음을 알려도 괜찮겠습니까?

23

당신이 고등학교를 다니던 그 시기, ① 대한민국에는 어떤 역사적 일이나 사회적 사건, 사고가 있었습니까? ② 그 사건, 사고가 자신과 가족에게 미친 영향이 있다면 상세히 적어보세요.
③ 지금 당신의 삶은 그 사건, 사고로부터 완전히 벗어났습니까?

24 고등학교 시절, 당신은 '사랑'을 느껴봤습니까? 지금 생각하면, 그런 감정이 나의 성장에 어떤 영향을 미쳤다고 보십니까?

---

25 고등학교 시절에, ① 당신의 진로에 가장 영향을 끼친 사람은 누구였습니까? ② 그분이 내 인생에 어떤 도움이 '되었다, 혹 안 되었다'고 생각합니까?

26

다시 고등학교 시절로 되돌아갈 수 있다면, ① 당신은 어떤 일에
가장 열정을 쏟고 싶습니까? ② 왜 그렇게 생각합니까?

27

18, 19세의 고등학생 시절, 당신은 죽고 싶다고 생각한 적이
있었습니까? 왜 그랬을까요?

----

28 당신은 ① 대학 진학을 했습니까? 어떤 전공을 공부하셨나요?
② 만일 못 했다면 그 이유는 무엇이었다고 생각하십니까?

✽ 당신의 중·고등학교 시절의 사진들을 찾아보세요.

나의 청년기(성인 초기)

29 당신은 20대의 청년기를 어느 지역에서, 무엇을 하면서 보냈습니까?

---

30 청년기에, 당신은 많은 의사결정과 선택을 하였을 것입니다.
지금 생각하니 그중 가장 잘한 선택이었다고 여겨지는 것은
무엇입니까?

---

31 청년기에, 당신에게 가장 많은 도움을 준 사람은 누구인가요?

32

청년기에, ① 당신이 가장 힘들어 했던 일은 무엇입니까?

② 지금 생각하면, 그 힘든 일들이 당신에게는 도전의 기회,
성숙의 기회가 되었다고 생각하나요?

33 당신이 청년이었던 그 시기, ① 대한민국에는 어떤 역사적 일이나 사회적 사건, 사고가 있었습니까? ② 그 사건, 사고가 자신과 가족에게 미친 영향이 있다면 상세히 적어보세요. ③ 지금 당신의 삶은 그 사건, 사고와 아직도 관련성이 있습니까?

34
다시 청년기로 되돌아간다면, ① 어떤 일에 당신의 열정을 쏟고 싶은가요? ② 왜 그렇게 생각합니까?

35
청년 시절, 당신은 죽고 싶다고 생각한 적이 있었습니까? 왜 그랬을까요?

나의 군 복무
(해당되지 않는 분은 안 하셔도 됩니다.)

36 대한민국 국민으로서 당신의 군 복무는 국가를 위한
헌신이었습니다. 그 군대 생활이 당신의 인생에 미친 영향이
분명히 있을 것입니다. 어떤 영향을 미쳤을까요? 그 영향을
긍정적 영향과 부정적 영향으로 나누어 적어보세요.

긍정적 영향	
부정적 영향	

37 지금도 많은 대한민국의 청년들은 이 '국민의 의무'에
충실합니다. 인생의 선배로서 그들에게 군대와 관련하여 어떤
조언을 해주고 싶나요?

나의 직업생활
(직장생활 경험이 전혀 없는 분은 안 적어도 됩니다)

38 당신의 첫 직장은 어디였으며, 그곳에서 어떤 일을 하였고, 얼마나 근무하였습니까? 첫 직장에 임한 당시의 느낌을 회상해서 적어보세요.

39

이후 당신이 직장을 옮겼다면, ① 이직 동기는 무엇이었을까요?
② 이후 어떤 직장을 다녔습니까? 당신이 근무하였던 곳을 다
적어봅니다.

40

첫 직장부터 마지막 직장까지 자신의 직업생활 만족 정도를 점수로 환산해봅니다. ① 평균적으로, 자신의 직업생활 만족도는 몇 점입니까?   점
(대단히 만족한다 10점 ~ 대단히 불만족스럽다 1점'으로 만족스러울수록 10점에 가깝습니다.)
② 당신의 직업생활에 대해 하고 싶은 이야기를 적어봅니다.

✱ 『행복한 청소부』라는 그림책을 권합니다. 자세한 정보는 참고문헌 페이지에 있습니다.

41 당신의 직업생활에서, 당신이 얻은 최대의 유익은 무엇이라고
생각합니까?

----

42 직업에 대한 당신의 지나친 헌신/충성으로, 당신이 잃은 것이
있다면 무엇일까요?

----

43 당신은 직업생활에서 만난 동료 중, 지금도 교류하는 '우애 있는 동료들'이 몇 명 정도 있습니까?

----

44 '일과 생활의 균형(Work & Life Balance)' — 직업생활과 일상생활(가정생활 포함)은 누구에게나 다 중요합니다. 이 두 가지 영역에 시간과 열정을 골고루 쏟기가 참 어렵습니다. 그러나 요즘은 일과 생활의 균형이 중요하다고 합니다. 이런 정책이나 주장에 대해 당신은 어떻게 생각하십니까?

나의 결혼생활
(해당되지 않는 분은 안 하셔도 됩니다)

45 당신은 몇 살(몇 년도)에, 어느 지역에서 결혼하였습니까? 그날의 정경을 한번 떠올려보세요. 사진도 찾아보세요

---

46 당신의 총 결혼생활 기간은?

---

47 당신의 결혼생활을 쭉 회상해보면서, 자신의 결혼생활에 몇 점을 주고 싶습니까?   점
('아주 만족하고 행복하다 10점 ~ 나는 전혀 행복하지 않았다 1점'으로 만족스러울수록 10점에 가깝습니다.)

48

당신의 결혼생활에 도움을 준 사람이 있다면 적어보세요.

49

당신의 결혼생활을 어렵게 한 일들도 있었을 것입니다.
어떤 일들로 어려움을 겪었나요?

50

당신이 주례를 서게 되었다고 가정해봅시다. 인생의 새로운
출발점에 서 있는 신부신랑에게 어떤 말씀을 해주고 싶은가요?

51 당신의 결혼생활에서 추억하고 싶은 것, '당신의 결혼'에 대해
말하고 싶은 이야기가 있다면 적어보세요.

나의 건강과 병력

52 당신은 과거에 크게 아파본 적이 있습니까? 어떤 시술/수술을 받은 적이 있습니까? 출산 경험까지 포함하여 병력을 전부 적어봅니다.

53

당신은 지금 어떤 병에 관한 약을 복용하고 있습니까?
병명과 관련된 약을 자세히 적어봅니다. 모르고 계신다면 약에
관한 정보를 찾아서라도 정확한 약 이름을 적어보셔야 합니다.

54

그 병들이 당신의 일상생활에 미치는 불편은
어느 정도인가요?

55 혹시 당신에게 응급서비스가 필요한 일이 생긴다면, 어떤 병으로
응급서비스를 요청할 것 같습니까?

----

56 당신에게 도움이 될 그 응급서비스 기관이나 담당의사의
연락처는 가지고 있습니까? 없다면 지금부터 정보를 찾아 꼭
적어보세요.

----

57 동시에 긴급한 상황이 생겼을 때 당신을 도와줄 가족, 친지들의
이름과 전화번호도 적어보세요.

----

58 당신의 혈액형은?

----

59 당신이 생각하는 자신의 건강 점수는 몇 점입니까?
('대단히 건강하다 10점 ~ 매우 건강하지 못하다 1점'으로 건강할수록
10점에 가깝습니다.)   점

나의 인생곡선

(1) 초등학생 시절

60 열 살 무렵(초등학생 시절), 당신의 어머니와 같이 있었던 기억 한 가지를 떠올려보세요. 그때 어머니와 어떤 모습으로, 어떤 대화를 나누었습니까? (혹시 그때 어머니가 계시지 않았다면, 어머니가 안 계셨던 당시의 심정을 적어봅니다.)

61

마찬가지로, 지금 당신은 열 살이며, 아버지와 함께 있습니다.
아버지는 어떤 모습으로 당신과 함께 있습니까? (혹시 그때
아버지가 계시지 않았다면, 안 계셨던 당시의 심정을 적어봅니다.)

62

당신의 열 살(초등학생 3, 4학년 시기) 무렵을 회상해보면, 그때 당신이 가장 무서워했던 것은 무엇이었습니까?

63

당신의 열 살(초등학생 3, 4학년 시기) 무렵을 회상해보면, 그때 당신이 가장 행복했던 것은 무엇 때문이었을까요?

64

당신의 열 살 무렵의 행복감을 점수로 표시해본다면 몇 점을 주고
싶은가요?   점
('대단히 행복하였다 10점 ~ 나는 전혀 행복하지 않았다 1점' 사이에서
적절한 점수를 찾으면 됩니다.)

65

한 마디로 표현한다면,
"나의 십 대는 (   )(였)다."
열 살의 당신에게 가장 어울리는 적합한 단어를 찾아보세요.
그렇게 표현한 이유를 적어보세요.

----

(2) 중학생 시절

66 열다섯 살(중학생 시절) 무렵, 당신은 어느 동네, 어떤 집에서 살고
있었습니까? 그때 누구누구와 함께 살고 있었습니까?

----

67 열다섯 살(중학생 시절) 무렵을 회상해보면, 어떤 사람, 어떤
추억들이 떠오릅니까? 떠오르는 단어를 가급적 많이 적어보세요.

68

열다섯 살(중학생 시절) 무렵, 당신에게 가장 큰 고민은
무엇이었습니까?

69

열다섯 살(중학생 시절) 무렵, 당신은 무엇에 가장 흥미를 느꼈던
것 같습니까?

----

70 당신의 열다섯 무렵의 행복감을 점수로 표시해본다면 몇
점인가요? ＿＿＿＿＿＿ 점
('대단히 행복하였다 10점 ~ 나는 전혀 행복하지 않았다 1점' 사이에서
적절한 점수를 찾으면 됩니다.)

71 "나의 열다섯은 (＿＿＿＿＿＿＿＿＿＿＿＿＿＿＿＿)(였)다."
열다섯의 당신을 표현할 수 있는 가장 적합한 단어를 찾아보세요.
그 표현에 담긴 감정들에 대해 적어보세요.

＿＿＿＿＿＿＿＿＿＿＿＿＿＿＿＿＿＿＿＿＿＿＿＿＿＿＿＿＿＿＿＿＿＿

＿＿＿＿＿＿＿＿＿＿＿＿＿＿＿＿＿＿＿＿＿＿＿＿＿＿＿＿＿＿＿＿＿＿

＿＿＿＿＿＿＿＿＿＿＿＿＿＿＿＿＿＿＿＿＿＿＿＿＿＿＿＿＿＿＿＿＿＿

＿＿＿＿＿＿＿＿＿＿＿＿＿＿＿＿＿＿＿＿＿＿＿＿＿＿＿＿＿＿＿＿＿＿

＿＿＿＿＿＿＿＿＿＿＿＿＿＿＿＿＿＿＿＿＿＿＿＿＿＿＿＿＿＿＿＿＿＿

＿＿＿＿＿＿＿＿＿＿＿＿＿＿＿＿＿＿＿＿＿＿＿＿＿＿＿＿＿＿＿＿＿＿

＿＿＿＿＿＿＿＿＿＿＿＿＿＿＿＿＿＿＿＿＿＿＿＿＿＿＿＿＿＿＿＿＿＿

＿＿＿＿＿＿＿＿＿＿＿＿＿＿＿＿＿＿＿＿＿＿＿＿＿＿＿＿＿＿＿＿＿＿

＿＿＿＿＿＿＿＿＿＿＿＿＿＿＿＿＿＿＿＿＿＿＿＿＿＿＿＿＿＿＿＿＿＿

(3) 고등학생 시절

72 당신의 열여덟, 열아홉(고등학생) 시절로 되돌아가 보세요. 그때 당신은 어느 동네, 어떤 집에서 누구누구와 살고 있었습니까?

----

73 그때를 생각하면 어떤 단어들이 떠오릅니까?

----

74 열여덟, 열아홉의 당신에게 가장 큰 걱정거리는 무엇이었습니까?

75

당신의 열여덟, 열아홉(고등학생) 때, 당신은 무엇에 가장 흥미를 느꼈던 것 같습니까? 그 당시 가장 흥미와 관심을 느꼈던 그 일을, 지금 나이에서 판단해보니 어떤 생각이 드십니까?

76 열여덟, 열아홉(고등학생) 시절의 당신은 얼마큼 행복했습니까? 그 시절의 행복감을 몇 점으로 표현하고 싶습니까? ⬚ 점
('대단히 행복하였다 10점 ~ 나는 전혀 행복하지 않았다 1점' 사이에서 적절한 점수를 찾으면 됩니다.)

77 "열아홉의 나는 (   )(였)다."
열여덟, 열아홉의 당신을 표현할 수 있는 가장 적합한 단어를 찾아보세요. 그 표현에 담긴 설명을 한번 적어보세요.

----

(4) 청년기

78   당신이 스물다섯 살이 된 해는 몇 년도입니까? 그때 당신은 어느
     지역에서 무엇을 하면서 살고 있었습니까?

----

79   당신의 스물다섯 살 전후를 생각하면
     어떤 단어들이 떠오릅니까?

----

80 당신의 스물다섯 살을 전후한 그때, ① 당신에게 가장 큰
걱정거리는 무엇이었습니까? ② 그때 당신을 행복하게 해준 것은
무엇입니까?

81
당신의 스물다섯 살 무렵을 회상해볼 때, 당신은 자신의 삶에 자신감을 가지고 있었습니까? 당신의 그 자신감에 도움을 준 사건, 사람이 있었습니까? 아니면 당신의 자신감을 여지없이 깎아내린 어떤 사건, 사람이 있었습니까? 그 시절의 자신에 대해 생각하고 적어봅니다.

82
나이 스물다섯 전후 때, 당신의 행복감은 몇 점이었을까요?
                    점
('대단히 행복하였다 10점 ~ 나는 전혀 행복하지 않았다 1점' 사이에서 적절한 점수를 찾으면 됩니다.)

83
"나의 이십 대는 (   )(였)다."

(5) 나의 30대

*40대에 결혼한 분도 계실 것입니다. 연령과 결혼시기에 너무 매이지 마시고, 연령에 집중하셔서 적으면 됩니다.

84

당신은 사랑하는 사람을 만났습니다. 그와 '함께하는 삶'을 살겠다고 결심한 가장 중요한 이유는 무엇이었습니까?

---

85 당신의 30대를 회상해볼 때, ① 당신을 행복하게 해준 것은
무엇이었습니까? ② 당신의 행복을 방해한 것은 무엇이었습니까?

✽ 결혼사진을 다시 한번 들여다보세요!

86 자녀 출산은 순조로웠습니까? 만약 자녀 출산과 관련하여 힘든
점이 있었다면, 한번 적어보세요.

----

87 자녀 양육에서는 어떤 점이 힘들었습니까? 그 힘든 상황들을
어떻게 잘 극복해내셨습니까?

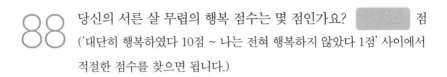

88 당신의 서른 살 무렵의 행복 점수는 몇 점인가요?   점
('대단히 행복하였다 10점 ~ 나는 전혀 행복하지 않았다 1점' 사이에서
적절한 점수를 찾으면 됩니다.)

89 "나의 삼십 대는 (   )(였)다."
당신의 30대를 그렇게 표현한 이유를 적어보세요.

----

(6) 나의 40대

90 어느새, 당신은 마흔 살이 되었습니다. 당신은 그때 어느 지역,
어느 동네에서 누구와 살고 있었습니까? (이동이 잦았다면, 이동한
순서대로 적으면 됩니다.)

91

당신의 마흔 살 무렵, 당신의 생활에서 가장 중요했던 것은
무엇이었습니까?

엔딩 노트

92 당신의 마흔 살 무렵, 당신의 생활에서 가장 힘들고, 어려웠던 것은 무엇이었습니까?

93

당신의 마흔 살 무렵에서 떠오르는 단상들이 있습니까?
후회되는 일들도 있을 것이고, 좋고 자랑스러웠던 일들도 있었을
것입니다. 지금 떠오르는 그것을 솔직하게 적어보세요.

94

마흔 살 무렵, 당신은 가정생활과 직장생활을 병행하는 데 어려움을 겪었을 것입니다. 당시를 회상해볼 때, 어떤 점들이 힘들었습니까? 그 힘든 점들이 개인적 성격 때문입니까? 가까운 주변 환경 때문입니까? 아니면 거대한 사회 조직 때문이었습니까?

95

당신의 마흔 살 무렵의 행복 점수는 몇 점인가요? [   ] 점

('대단히 행복하였다 10점 ~ 나는 전혀 행복하지 않았다 1점' 사이에서
적절한 점수를 찾으면 됩니다.)

96

"나의 사십 대는 (   )(였)다."

자신의 40대를 그렇게 표현한 배경을 설명해보세요.

❋ 자녀들과 찍은 사진을 찾아보세요.

(7) 나의 50대

*현재 50대인 분들은 과거 질문을 현재로 바꾸어 답하시면 됩니다.

97 어느새, 당신은 오십 살이 되었습니다. 당신은 지금 혹 그때 어느 지역, 어느 동네에서 누구누구와 살고 있습니까, 혹 있었습니까?

98
당신이 오십 살일 때, 당신 자녀들은 각각 몇 살이었습니까? 그때 당신과 자녀들 사이는 어떠하였습니까?

99
당신에게 자녀는 어떤 의미를 주는 존재인지를 생각해보고 적어봅니다.

100 배우자와의 관계에서 무언가 말하고 싶은 것이 있다면 적어봅니다.

----

101 (해당되는 분만) 스스로 생각해볼 때, 당신은 배우자에게 얼마나 사랑을 받고 있습니까? 당신이 사랑받는 정도를 점수로 매겨본다면, 자신은 몇 점에 해당됩니까?   점
('대단히 사랑받고 있다 10점 ~ 전혀 사랑받지 못한다 1점' 사이에서 적절한 점수를 찾으면 됩니다.)

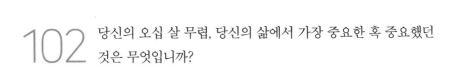

102 당신의 오십 살 무렵, 당신의 삶에서 가장 중요한 혹 중요했던 것은 무엇입니까?

103 당신의 오십 살 무렵, 당신의 생활에서 가장 힘들고 어려웠던 일은 무엇입니까?

104

나이 오십 살이 되면서, 새롭게 결심한 것들이 있었습니까? 혹 있습니까? 마음껏, 솔직하게 적어보세요.

엔딩 노트

105
다시 오십 대가 된다면, 무엇을 하고 싶습니까? 그 이유는 무엇입니까?

106

당신의 오십 살 때를 회상해볼 때, 그때 당신은 얼마큼 행복하였던 것 같습니까? 행복 점수를 스스로 매겨보세요.

　　　　　　　점

('대단히 행복하였다 10점 ~ 나는 전혀 행복하지 않았다 1점'

사이에서 적절한 점수를 찾으면 됩니다.)

107

"나의 오십 대는 (　　　　　　　　　　　　　)(였)다."

이 표현에 대해 설명해보세요.

----

(8) 나의 60대

*현재 60대인 분들은 과거 질문을 현재로 바꾸어 하시면 됩니다.

108 어느새, 당신은 육십(60세) 줄에 들어섰습니다. 당신은
어느 지역, 어느 동네에서 누구누구와 살고 있었습니까?

----

109 당신의 육십 대는 환영받아야 합니다.
당신은 육십 대에 들어서면서 어떤 감회를 느꼈습니까?

110

육십 살이 되어 보니, 인생에서 가장 중요한 것은 무엇이라고 생각되십니까? 그 중요한 것을 당신은 어떻게 지켜내고 있습니까?

111 막상 육십 대에 들어서고 보니, 내 인생에서 후회되는 것은 무엇입니까?

112

당신은 자녀들로부터 무엇을 받기를 기대하십니까?
최소한 자녀들이 이런 것은 도움을 주면 좋겠다고 기대하는
것이 있다면 무엇입니까?

---

113 스스로 생각해볼 때, 당신은 배우자에게 얼마나 사랑을 받고 있습니까? 당신이 사랑받는 정도를 점수로 매겨본다면, 자신은 몇 점에 해당됩니까?　　　　　점
('대단히 사랑받고 있다 10점 ~ 전혀 사랑받지 못한다 1점' 사이에서 적절한 점수를 찾으면 됩니다.)

114 배우자와의 관계에서 무언가 말하고 싶은 것이 있다면 적어봅니다.

115

스스로 생각해볼 때, 당신은 자녀로부터 얼마나 사랑과 존경을 받고 있습니까? 자녀와의 관계에서 무언가 말하고 싶은 것이 있다면 적어봅니다.

116

육십 대에 들어서면서 새로이 시도(시작)한 것들이 있다면
적어보세요.

117

당신의 육십 평생을 되돌아볼 때, 당신을 행복하게 했던 것은 무엇이며, 당신을 아프게 했던 것은 무엇이었습니까?

118 육십 대를 회상해볼 때, 그 시절 당신의 행복 점수는?

　　　　　　　점

('대단히 행복하였다 10점 ~ 나는 전혀 행복하지 않았다 1점'
사이에서 적절한 점수를 찾으면 됩니다.)

119 한 마디로 표현한다면,
"나의 육십 대는 (　　　　　　　　　　　　　　　)(였)다."
왜 그렇게 표현하셨는지를 설명해봅시다.

이렇게
살아왔군요!

(9) 나의 70대
*현재 70대인 분들은 과거 질문을 현재로 바꾸어 하시면 됩니다.

120   어느새, 당신은 칠순(70세)이 되었습니다. 그 나이 무렵, 당신은
어느 지역, 어느 동네에서 누구누구와 살고 있었습니까?
혹 살고 있습니까?

----

121   칠십 대에 들어서면서 어떤 감회를 느꼈습니까? 혹시 새로이
스스로에게 다짐한 각오가 있습니까?

----

122 칠십 대의 당신을 행복하게 하는 것은 무엇이며, 아프게 하는 것은 무엇입니까? 찾아서 적어보세요.

123 칠십 대가 되어 보니, 인생에서 가장 중요한 것은 무엇이라고
생각되십니까? 그 중요하다고 한 것을 당신은 어떻게
지켜내고 있습니까?

124

당신이 결혼해서 낳은 자손들(자녀, 손자녀, 증손자 등)이 모두
몇 명 입니까? 그 자손들에게 해주고 싶은 말씀이 있다면
무엇입니까?

125

당신은 자녀들로부터 무엇을 받기를 기대하십니까? 최소한 자녀들이 이런 것은 도움을 주면 좋겠다고 기대하는 것이 있다면 무엇입니까?

엔딩 노트

126 당신의 칠십 대의 행복 점수는 몇 점인가요?   점
('대단히 행복하였다 10점 ~ 나는 전혀 행복하지 않았다 1점'
사이에서 적절한 점수를 찾으면 됩니다.)

127 "나의 칠십 대는 (   )(였)다."
왜 그렇게 표현했는지 설명해봅시다.

✳ 6, 70대의 사진들을 정리해봅니다.

128 칠십여 년의 삶을 회고해볼 때, 후회되는 점들도 있을 것이고, 좋았고 자랑스러웠던 일들도 있었을 것입니다. 지금 이 순간, 떠오르는 생각들을 적어보세요.

(10) 나의 80대

*연령이 해당되는 분만 적으면 됩니다. 해당되지 않는 분들은 136번으로 가세요.
그리고 후일 당신이 80세가 되는 날, 이 페이지를 채워보세요.

129

어느새 당신은 팔순(80세)이 되었습니다. 당신은 지금 어느
지역, 어느 동네에서 누구누구와 살고 있습니까?

----

130 당신이 또래의 평균 연령을 넘어 지금까지 건재함은 대단히
축복받을 일입니다. 당신은 팔순에 들어서면서 어떤 감회를
느꼈습니까?

131

팔십 대의 당신을 행복하게 하는 것은 무엇이며, 아프게 하는 것은 무엇입니까?

----

132 결혼에 대해 무언가 말하고 싶은 것이 있다면 적어봅니다.

133

당신은 이제 늙었습니다. 주위로부터 어떤 도움을 받기를
기대하십니까? 최소한 자녀들이 이런 것은 도움을 주면
좋겠다고 기대하는 것이 있다면 무엇입니까?

이렇게
살아왔군요!

134 친구나 지인들과의 관계에서 '죽어도 이것만은 기억하고 잊어서는 안 되겠다'라는 것이 있을 수 있습니다. 솔직하게 적어보세요.

135

당신의 인생에서, '그래도 이것만은 스스로가 자랑스러워'라고
여겨지는 부분이 분명 있을 것입니다. 이 노트에서 당신을
자랑해보세요.

136

당신은 인생의 마지막 종착역인 죽음에 어느 누구보다 가까이
서 있습니다. 당신의 인생 전체를 회상해볼 때, 당신은 얼마큼
행복하였던 것 같습니까?　　　　　　　　점
('대단히 행복하였다 10점 ~ 나는 전혀 행복하지 않았다 1점'
사이에서 적절한 점수를 찾으면 됩니다.)

*지금 80대가 안 되신 분들도 다 이 질문에 답해봅니다. 그리고 80대가
되면 이 질문에 다시 답해봅니다.

✱ 그림책 『내가 함께 있을게』를 권합니다. 자세한 정보는 참고문헌 페이지에
있습니다.

137

당신의 전 인생을 거의 10년 단위로 잘라서 생각해보았습니다.
지금 이 글을 적으면서 당신의 마음에는 어떤 감정들이
피어오릅니까? 자신의 내면을 자세히 들여다보면서 그
감정들을 적어보세요.

사람마다 인생곡선은 모두 다릅니다. 앞에 적어둔 행복 점수를 나이에 맞추어 옆 페이지 그래프에 표시해보세요. 그 표시된 점들을 선으로 연결해봅니다.

138   당신은 점점 행복해졌습니까? 아니면 점점 더
        힘들어졌습니까? 이 곡선을 그리며 드는 생각을
        적어보세요. 지금부터 남은 삶은 더 행복해져야
        합니다.

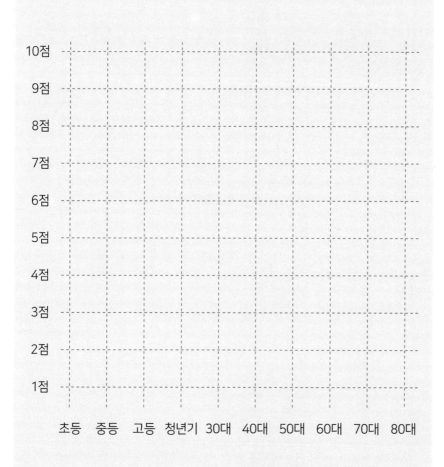

나의 인생곡선

늙고, 병들고, 죽는 것, 이를 이해하는 사람들에게,
이는 성스러운 진리이자 보물이다.

아잔 리 Ajahn Lee

• 2부 •

지금,
나를 점검하다

지금, 여기서 나를 점검하다

다시, 지금의 나를 점검해봅니다. 현재 나의 삶에서 무엇이 문제인지, 무엇을 수정해야 할지를 찾아봅니다. 지금 당신이 60대라면 아직도 당신은 평균하여 30여 년은 더 사실 것입니다. 70대라면 20여 년, 80대라면 10여 년의 여생(餘生)이 남아 있습니다. 가능한 여건 내에서 노력하면 더 건강하고 행복한 삶을 지낼 수 있습니다.

이제 당신은 더 성숙하고 노련한 자세로 일상을 즐길 수 있는 나이입니다. 마음을 넓게 가지고, 인생을 내려다보는 시선으로 당신의 하루하루를 챙겨봅시다.

139

지금 나는 만 _____ 세입니다.

지금 나는 _____

_____ 와 함께 살고 있습니다.

지금의 나를 점검해 봅니다.

1. 지금 나는 하루 세 끼 식사를 잘하고 있습니다. (예 / 아니오)

2. 지금 나는 _____ 같은 만성질환을 가지고

   있지만, 잘 관리하고 있습니다. (예 / 아니오)

3. 지금 나는 비교적 건강합니다. (예 / 아니오)

4. 지금 나는 나의 하루하루에 비교적 만족합니다. (예 / 아니오)

5. 지금 나는 여전히 할 일들이 있습니다. (예 / 아니오)

6. 지금 나는 목욕, 외출 등을 혼자 할 수 있습니다. (예 / 아니오)

7. 지금 나는 배우자와 좋은 관계를 유지하고 있습니다. (예 / 아니오)

8. 지금 나는 자녀, 자녀의 가족과 잘 지내고 있습니다. (예 / 아니오)

9. 지금 나는 친구, 지인들이 있어 외롭지 않습니다. (예 / 아니오)

10. 지금 나는 경제적으로 크게 어렵지 않습니다. (예 / 아니오)

11. 지금 나는 앞으로의 지출(수술, 간병, 자녀결혼 등)에 대해서

    걱정하지 않습니다. (예 / 아니오)

12. 나는 하고 싶은 여가활동을 즐기면서 지냅니다. (예 / 아니오)

일상생활 활동(ADL : Activities of Daily Living)

'일상생활 활동'이란 목욕, 옷 입기, 용변 보기, 침대나 의자에 들어가고 나오기, 걷기, 집에서 문 잠그고 나오기, 스스로 식사하기 등을 말한다.

나이가 들면서 누구나 이런 일상생활 활동을 스스로 하지 못하고 누군가에게 의존해야만 하는 경우가 증가한다. 65세 노인층에서는 90%가 이런 활동들을 스스로 다 해내지만, 85세 이상에서는 50% 이상이 장애를 보인다고 한다. 이런 장애는 남성보다는 여성이, 도시 노인보다는 시골 노인이, 경제적 어려움이 많은 노인일수록 더 빈도가 높다고 하지만, 가장 중요한 것은 연령이다.

빠르고 더딘 정도의 차이는 있지만 누구나 이런 기본적인 일상생활 동작들이 어려워지는 과정을 겪기 때문에, 자립심을 가지려고 스스로 노력하는 것과 꾸준히 신체기능을 최적화시키는 것, 그리고 도움이 필요할 상황이 생기면 누구로부터 도움을 받을 수 있을 것인가 등에 대한 준비들이 필요하다. 이런 활동 장애 두세 개가 동시에 나타나면 남성의 사망률이 더 높아진다는 연구결과도 눈여겨보아야 할 것이다.

출처: W. J. Hoyer, J. M. Rybash, P. A. Roodin. *Adult development and aging*(4th ed.).The McGraw-Hill: 이기숙 외 공역. 『성인발달과 노화』. 교문사. 2001. 209-210쪽

엔딩 노트

나의 건강을 위한 노력

당신의 건강 유지를 위해 스스로 어떤 노력을 하고 있습니까?
자신이 노력하고 있는 내용, 방법을 항목별로 구체적으로 적어봅니다.

152-159

① 수면 시간과 수면의 질 :

② 식생활 :

③ 음주 :

④ 금연/흡연 :

⑤ 운동
일주일 동안 하는 모든 운동을 다 적어보세요. 운동 시간도 함께
적어봅니다. 예를 들면, 아침 산책(주 4회, 1회 40분 정도) :

⑥ 가정생활 유지를 위한 노력

매일 하는 가사노동 시간과 함께 자세히 적어봅니다. 예를 들면,
아침 식사 준비 30분, 시장 보기 120분, 손자 돌보기 3시간, 청소
50분, 빨래 100분, 가족 대화 60분 등입니다 :

⑦ 웃거나 미소 짓는 횟수 :

⑧ 자신의 스트레스 관리법

속이 상하거나 화가 날 때 혹 세상이 덧없고 우울할 때, 스스로
기분을 바꾸려는 어떤 노력을 하시는지요? 예를 들면, 책을 본다,
청소를 한다, 노래를 부른다 등입니다 :

여가 및 취미생활

160 당신이 지금 즐기고 있는 여가, 취미활동을 모두, 자세히 적어봅니다. (예를 들면, 주 2회 스프츠댄스, 월 1회 낚시 등)

----

161 당신의 여가, 취미활동에서 ① 어떤 보람을 느끼시는지 ② 어떤 어려움을 느끼시는지 적어보세요.

----

162 여건이 허락한다면 어떤 여가생활을 더 즐기고 싶습니까?
왜 그 활동을 하고 싶습니까?

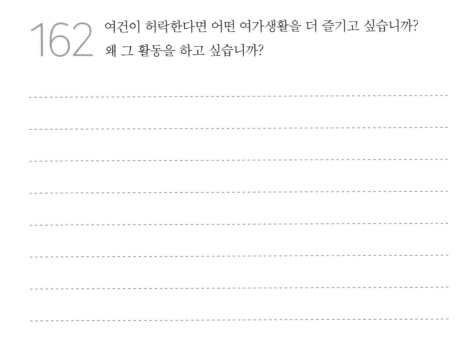

✻ 여가 및 취미생활이 드러나는 사진을 찾아봅니다.

엔딩 노트

균형 잡힌 삶

누구에게나 하루 24시간이 주어진다. 기본적으로 이 시간은 생리적 시간 (수면, 식사, 세면 등과 같은 생리적 활동을 위한 시간), 작업시간(학교생활, 직업생활, 가사활동 등 기능적이고 도구적 활동시간), 여가시간(휴식, 취미, 몸과 정신의 강화 등과 같은 활동시간)으로 구성되고, 이 셋은 평균적으로 3등분 됨이 이상적이다. 최근 정부가 노동시간을 주 52시간으로 규제한 것은 시간의 균형, 생활의 균형이라는 측면에서 좋은 정책이라고 생각한다. '저녁이 있는 삶'이란 표현은 밤늦도록 일하는 노동환경이 개선되어야 함을 뜻한다.

특히 한국 사람은 부지런하고 경쟁적인 생활습성으로 삶의 균형을 잘 맞추지 못하고 살아왔다. 그러다 보니 4, 50대 남성 사망율 세계 1위, 청소년 자살율 세계 1위, 짧은 시기 동안 이혼율이 급등하는 등 여러 가지 사회문제를 가진 나라가 되었다. 이는 어린아이, 어른 할 것 없이 모든 국민의 삶의 질을 떨어뜨리는 결과를 가져왔다.

특히 1945년 해방, 1950년 전쟁 시기에 태어나서 장년기를 한국의 산업화 발전에 바친 노인들의 삶은 더욱 균형적이지 못했다. 일터에서 물러난 지금이라도 특히 여가활동에 관심을 가지고 즐거운 시간을 보내야 한다. 작업시간도 봉사활동이나 짧은 근로 등으로 자신의 기능과 능력을 제공

하여 스스로 자랑스럽게 여길 수 있는 시간으로 보내는 것이 좋다.

'어떻게 늙어야 잘 늙는 것인가(Well Aging)'를 연구한 베일런트 (Vaillant) 교수는 본인의 적성에 맞는, 본인이 하고 싶은 활동(독서, 운동, 예술활동, 봉사활동 등)에 적극적인 노인들이 행복감이 높다고 하였다. 특히 이런 활동을 통해 사회관계망이 넓어지고, 혼자서는 할 수 없지만 함께라면 가능한 일들에 참여하면서 공동체 의식이나 민주주의 시민 의식이 고양되는 등 성숙한 노인으로 높은 자아통합감을 유지해 잘 늙는 과정에 들어간다고 하였다.

출처 : George E. Vaillant. *Aging well*. Little& Brown. 2002 : 이덕남 역. 『행복의 조건』. 프런티어. 2010.

나의 일상 감정들

163
지금 당신의 생활에서 가장 감사함을 느끼는 대상은
누구입니까? 왜 그 사람에게 유독 감사함을 느끼는지, 자신의
마음을 적어보세요.

---

164 오랜만에, 초등학생처럼 '오늘의 나의 하루'를 아래에 적어봅니다.

년   월   일

엔딩 노트

165 친한 친구에게 요즘의 나의 생각, 감정, 기분 등에 대해 편지를 적어봅니다.

166

한 자녀를 택해, 자녀에게 요즘의 당신 삶에 대해 편지를 한번 써보세요. 지금 당장이 아니더라도 언젠가 이 페이지에 반드시 적어보시기 바랍니다.

167 대한민국 대통령(지지 여부와 관련 없이, 대한민국의 시민으로서)
에게 편지를 쓴다고 한번 가정해봅시다. 누구나 평생에
한 번은 해보아도 괜찮은 일일 것입니다. 당신이 선택한
대통령이든 아니든 지금 이 시간 나의 조국, 대한민국의
대통령에게 편지를 적습니다.

나의 사회관계망

당신의 인생에 등장하고 있는 수많은 사람들.
당신은 그들에게 누구였으며, 그들은 당신에게 누구였나요?
그들은 당신에게 신이 주신 선물이었나요?

그들의 얼굴과 이름을 하나하나 생각하면서 적다 보면 내가 용서를
빌어야 할 사람, 내가 용서해주어야 할 사람들이 구별되어 나타날
것입니다. 나는 그들과 함께 살아온 것입니다.

✱ 옆 페이지의 '나의 사회관계망 그림'은 당신을 둘러싸고 있는 많은 사람들을
   혈연과 심리적 거리를 고려하여 배치한 그림입니다. 이 그림을 이해하면서 168번
   질문으로 갑니다.

✱ 친인척, 친구들과 찍은 사진을 정리해봅니다.

나의 사회관계망 그림

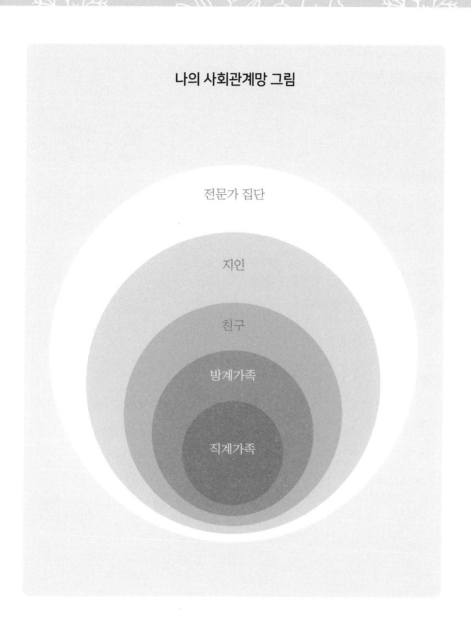

전문가 집단

지인

친구

방계가족

직계가족

당신과 교류하고 있는(연락이 되고, 가끔 만나는) 분들을 한번
파악해봅니다.

168-172

직계가족

나는 배우자가 (있다/없다).

나는 자녀들(며느리, 사위 포함)이 모두 _____ 명 있다.

나는 손주들(친손, 외손 포함)이 _____ 명 있다.

나는 형제자매(형제자매의 배우자도 포함)가 _____ 명 있다.

나는 배우자의 형제자매가 _____ 명 있다.

총   명

방계가족

나의 형제자매의 자녀 _____ 명과 교류하고 있다.

나의 배우자 형제자매의 자녀 _____ 명과 교류하고 있다.

나의 4촌 이상 친인척 중 _____ 명 정도와 교류하고 있다.

나의 배우자의 4촌 이상 친인척 중 _____ 명과 교류하고 있다.

총   명

친구

나는 어린 시절 친구 _____ 명과 지금도 만난다.

나는 중 · 고등학교 친구 _____ 명과 지금도 만난다.

나는 대학 다닐 때 사귄 친구 _____ 명과 지금도 만나고 있다.

사회생활을 하면서 사귄 친구들이 _____ 명 있다.

총   명

지인

이웃, 지역사회에서 지인으로 친하게 지내는 사람들이 _____ 명 있다.

다양한 단체 활동 등을 통해 사이가 돈독해진 분들이 _____ 명 있다.

종교생활을 함께하는 지인이 _____ 명 있다.

총   명

지역의 전문가 집단

내가 아플 때 조언을 구할 수 있는 의료, 간호, 간병 전문가들이
_____ 명 있다.

나의 건강한 신체활동을 위해 자주 만나는 체력, 운동 전문가들이
_____ 명 있다.

나의 영적 성장을 위해 도움을 청하는 전문가가 _____ 명 있다.

다양한 여가생활을 위해 정기적으로 만나는 전문가들이 _____ 명 있다.

보험, 재정 등의 문제를 의논할 수 있는 전문가를 _____ 명 알고 있다.

총 　　　　　 명

전체 　　　　　 명

173 131페이지의 '나의 사회관계망 그림'에 직계 가족에서
전문가 집단까지 인원수를 적어봅니다. 여백에 이름도
일일이 적어봅니다. 숫자가 많을수록 당신의 사회관계망은
풍성합니다. 인원수를 적을 수 없는 칸이 있다면,
그 부분이 당신의 취약관계입니다. 노력해서 개선되어야 하는
인간관계임을 명심하시길 바랍니다.

174

당신은 가족들을 위해 어떤 헌신, 충성을 해왔다고
자부하십니까? 당신의 그 헌신과 충성에 대해 가족들은
충분히 공감하고 있습니까?

175

(해당되는 분만) 당신의 사회관계망이 자녀들에게 어떤 영향을 미치고 있습니까?

176 당신의 형제자매들과의 관계는 어떠합니까? 하고 싶은 이야기들이 있다면 적어봅니다.

---

177 배우자의 형제자매들과의 관계는 어떠합니까? 하고 싶은 이야기들이 있다면 적어봅니다.

178

친척(본가, 배우자 친인척 포함)들과 정기적으로 가지는 모임, 행사들에 참석하십니까? 참석하면서 어떤 것들을 자주 느끼십니까?

179

당신은 다른 사람들에 비해 친구가 많은 편입니까? 적은 편입니까? 당신만의 독특한 우정관이 있다면 적어봅니다.

180

살면서 당신은 특별히 잘 지내고 싶어 노력한 대상이
있습니까? 왜 그 사람과 잘 지내고 싶었나요?

181

살면서 특히 싫어한 사람이 있습니까? 어떤 연유로 싫어하게
되었습니까?

182

당신이 죽기 전에 반드시 만나서 이야기를 하고 싶다거나,
혹은 화해가 필요한, 혹은 용서를 빌거나 받아야 하는 어떤
대상이 있습니까? 한번 깊이 생각해보기 바랍니다.

✻ 그림책 『**아툭**』, 『**파랑새**』를 권합니다. 자세한 정보는 참고문헌 페이지에 있습니다.

은퇴 후의 인간관계는 이렇게

1. 먼저 주는 자세가 중요하다 — 뭔가를 받기 전에 내가 먼저 무엇이든 주려고 노력하라. 나이 들었다고 받으려고만 하면 외로워진다.

2. 이익부터 따지면 손해 본다 — 직업생활 중에는 저 사람과 가까워지면 내게 어떤 이익이 생길까? 하는 생각을 할 수 있다. 그러나 은퇴 후에는 이익을 따지지 말고 사람을 사귀어야 한다.

3. 양보다 질이다 — 마음을 주고받는 친구가 단 한 명이라도 있다면 성공한 인생이다. 이해관계를 떠나 평생토록 유지되는 관계를 만들고 싶다면 양보다 질을 추구하는 마음이 필요하다.

4. 사람들이 나를 좋아하도록 만든다 — 상대에게 호감을 주고 더 매력적인 사람이 되려고 노력해야 한다. 당신의 장점과 매력을 찾아보고, 그것을 가꾸려고 노력할 필요가 있다.

5. 다른 사람에게 투자한다 — 경험으로 가지고 있는 많은 지식과 정보를 필요한 사람들에게 주려고 노력해야 한다. 틀림없이 당신도 누군가로부터 도움을 받을 날이 올 것이다.

6. 비뚤어진 시선은 비뚤어진 인간관계를 만든다 — 사람을 절대 성별,

종교, 지위 등에 따라 차별해서는 안 되고, 누구나에게 친절하고 누구나 좋아하는 마음으로 대한다. 긍정의 힘을 가져야 한다.

7. 즉각적인 효과를 기대해서는 안 된다 — 일 중심이 아닌 관계 유지를 위해 사람을 만나기 때문에 무슨 이익을 기대해서는 안 된다. 그러나 길게 보면 주변의 그 사람들은 당신에게 도움을 줄 것이다.

8. 가까운 이웃이 되어줘야 한다 — 가까운 사이일수록 자주 만나고 자주 연락해야 한다. 그리고 도움이 필요할 때에는 기꺼이 도움을 주려고 노력해야 한다.

9. 포용력을 보여라 — 나와 다른 성격, 특성을 가진 사람일지라도 넓은 마음으로 안아주어야 한다. 포용력이 있는 태도야말로 사람들이 가장 좋아하는 인간적인 아름다움이다.

10. 노력은 모든 성공의 어머니이다 — 인간관계에서도 적극적으로 생각하고 용기 있게 다가가는 사람이 성공한다. 좋은 관계를 만들려고 노력해야 한다.

출처: 미래에셋은퇴연구소 사이트 (www.retirement.miraeasset.com)
칼럼 「은퇴 후 인간관계를 위한 10가지 조언」 (김욱, 2018.5.24)에서 발췌, 수정

말로 갈 수도, 차로 갈 수도,
둘이서 갈 수도, 셋이서 갈 수도 있다.
하지만 맨 마지막 한 걸음은
자기 혼자서 걸어야 한다.

헤르만 헤세 Hermann Hesse

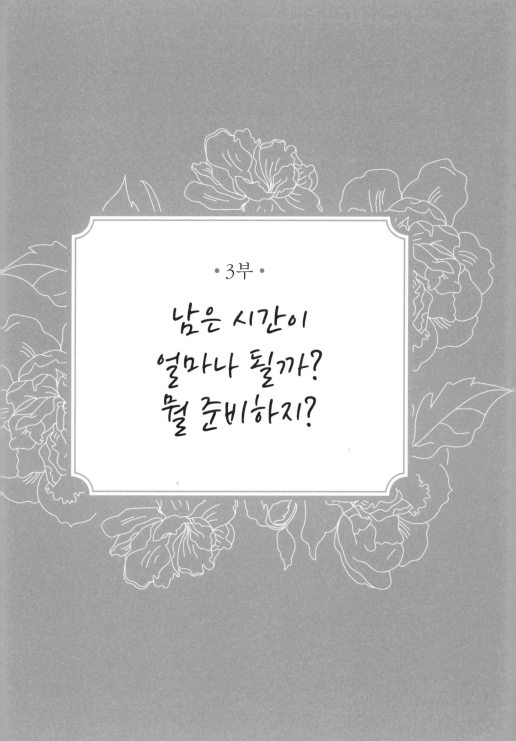

• 3부 •

남은 시간이
얼마나 될까?
뭘 준비하지?

남은 시간

지금 대한민국 여성과 남성의 평균 기대수명은
여성 85세, 남성 79세 정도입니다. 그러면 한번 가정해봅시다.
당신은 지금 ⬚⬚⬚ 세이니, 앞으로 ⬚⬚⬚ 년을 더 살 수 있겠습니다.
남은 세월이 너무 짧습니까? 너무 깁니까?

'건강 나이(혼자서 외출, 목욕 등 일상생활이 가능할 정도로 건강한 나이)'를
지나면, 누구에게나 '돌봄이 필요한 나이(혼자서 식사, 옷 입기, 외출 등이
불가한 나이)'가 옵니다. 질환이나 사고로 갑작스레 죽지 않는다면
누구나 아프다가 죽게 되겠죠. 그런데 그 돌봄이 필요한 시기가 평균
8년이랍니다.

거꾸로 계산해봅시다. 당신의 기대수명 즉, 예측 죽음 나이는 위에서
⬚⬚⬚ 세로 나왔습니다. 이 나이에서 8년을 빼면 ⬚⬚⬚ 세가 됩니다.
그러면 지금 당신 나이에서 앞으로 건강하게 지낼 수 있는 기간은
약 ⬚⬚⬚ 년 정도입니다. 물론 개인별 건강도에 따라 이 숫자는
달라집니다.

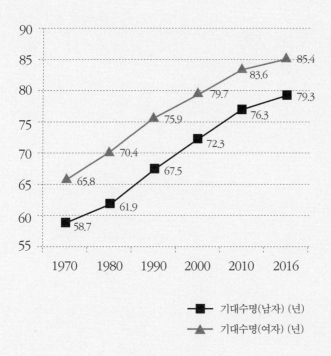

출생년도와 기대수명

- ■ 기대수명(남자) (년)
- ▲ 기대수명(여자) (년)

출처: 통계청 국가통계포털(KOSIS), 「생명표」.

183

지금부터 돌봄과 요양 기간을 최대로 줄이기 위해서는 어떻게 해야 할 것인가가 숙제로 남게 됩니다. 지금 당신은 어떤 생각, 결심이 떠오릅니까?

마지막 준비

아프기 전이나 다른 사람의 손길이 필요하기 전까지 당신은 혼자서 혹은 친구나 가족들과 어울려 유쾌한 시간을 보냅니다. 함께 외식도 하고, 나들이도 가고, 때론 공원에서 게이트볼이나 축구도 합니다. 담배도 끊고, 음주량도 줄이면서 건강을 유지하기 위해 노력했지만, 어느 날부터인가 아프기 시작합니다. 즉 누군가의 돌봄이 필요하게 되었습니다.

병 중에서도 가장 무서운 것이 인지장애의 일종인 '치매'라고 합니다. 치매 예방은 평소 건강을 유지하려고 노력하고, 인지적 자극(학습에 속하는 모든 활동과 활발한 사회 활동) 외에는 방법이 없다고 합니다. 65세 이후에는 가까운 보건소를 방문해서 '간이치매검사'도 받아보고, 가족들의 자신에 대한 평가에 귀를 기울여야 합니다.

184 당신이 병원에 가기를 원할 때, 당신과 동행할 사람을 쉽게 찾을 수 있습니까? 주로 누구에게 부탁하고 싶습니까?

----

185 와상상태(하루 종일, 거의 누워 지내는 상태)가 되면, 당신은 집, 요양시설, 요양병원 중 어느 곳에서 지내고 싶으신가요? 당신이 원하는 것이 현실적으로 받아들여질 가능성은 큽니까?

----

186 어디에서 지내든, 요양과 돌봄에는 돈이 필요하고 인력이 필요합니다. 요양과 돌봄에 드는 돈이 한 달에 평균적으로 얼마인지를 알아보고 적어보세요. 시설과 병원에 따라 다를 수도 있습니다.

고령자 의료지원센터

몸이 아프거나 즉시 누군가의 도움이 필요할 때, 가족과 의논하여 다음 기관을 방문해서 전문가의 조언을 받으면 도움이 될 것입니다.

● **주민자치센터 복지전담공무원**: 방문하여 위치, 연락처, 담당자명, 근무시간 등을 확인해서 적어두세요.

● **지역 보건소**: 방문하여 위치, 연락처, 보건소가 하는 업무, 근무시간 등을 잘 알아둡니다.

● **지역 복지관**: 사는 지역 내에 복지관이 여러 개가 있을 것입니다. 모두 방문하여 어떤 프로그램과 서비스가 운영되고 있는지를 잘 살펴봅니다. 복지사와 인사를 나누어보는 것도 좋은 경험입니다. 특히 노인장기요양등급 외 판정자로 도움이 필요할 때 지역 복지관을 방문해 방문서비스, 주간보호, 단기 가사지원 등을 상담 받을 수 있습니다.

● **보건복지 콜센터(전화 129)**: 긴급 복지 지원을 위한 전화입니다. 특히 위기(자살, 학대 등) 대응 시, 전화로 상담예약도 가능합니다. 해외에서는 국번 없이 82-129, 8231-389-7000을 사용합니다.

● **지역치매센터**: 주로 구(區) 보건소 내에 설치되어 있습니다. 역시 방문해보는 것이 좋습니다. 치매진단을 위한 간이 정신상태검사도 무료로 실시합니다. 진단 후 치매가 의심되면 협약병원을 방문하도록 지도하며 검사비의 일부를 지원합니다.

● 그 외 지역의 노인돌봄 관련 기관들을 조사해서 적어둡니다.

● 마지막으로, 정말로 위급할 때는 가족이나 기관보다는 '119'를 부릅니다.

187

막상 와상상태가 되면, 참 심심하다고들 합니다. 온종일 침대 위에서만 있어야 하기 때문입니다. 이때를 대비하여 그 무료함을 달래줄 당신만의 방안을 생각해보셔야 합니다. 적절한 방안이 생각나시면 주위 사람들과 이야기를 나누고, 여기에도 적어보세요.

나의 죽음 준비

188 지금부터라도 죽음과 관련되는 책을 한두 권 읽기를 권합니다. 마을 도서관, 학교 도서관, 서점 등에 가면 '죽음', '돌봄', '요양', '장례' 등과 같은 주제로 많은 책을 찾을 수 있습니다. 당신이 읽는 책의 서지사항을 아래에 메모해봅니다. 이기숙의 『당당한 안녕』(산지니, 2017)을 읽어보기를 권합니다.

· 도서명 1. ＿＿＿＿＿＿＿＿

· 지은이 ＿＿＿＿＿＿＿＿＿

· 출판사 ＿＿＿＿＿＿＿＿＿

· 도서명 2. ＿＿＿＿＿＿＿＿

· 지은이 ＿＿＿＿＿＿＿＿＿

· 출판사 ＿＿＿＿＿＿＿＿＿

· 도서명 3. ＿＿＿＿＿＿＿＿

· 지은이 ＿＿＿＿＿＿＿＿＿

· 출판사 ＿＿＿＿＿＿＿＿＿

· 도서명 4. ＿＿＿＿＿＿＿＿

· 지은이 ＿＿＿＿＿＿＿＿＿

· 출판사 ＿＿＿＿＿＿＿＿＿

189

오늘부터라도 죽음 준비, 웰다잉 등과 같은 교육에 관심을 가지셔야 합니다. 인생의 마지막 과제는 '잘 죽는 것'입니다. 그러기 위해서는 마음의 준비, 생활의 정리정돈 등이 필요합니다. 이런 교육에 참석한 후 느낀 생각들을 여기에 적어봅니다.

190

해마다 성묘를 다녔기에 잘 아시리라 봅니다. 그러나
이제부터는 나의 죽음, 나의 주검 등을 화두로 삼고 화장터,
납골당, 산소 등을 바라보셔야 합니다. 당신은 죽은 뒤 당신의
몸이 어떻게 처리되기를 원합니까? (매장, 화장, 납골당, 자연장,
수목장, 가족산소 등 다양합니다. 아직 답이 준비가 안 되셨다면 더
생각하신 다음에 적으시면 됩니다. 이런 주제로 배우자나 자녀들과
이야기를 나누면 더 좋습니다.)

191 혹시 배우자, 자녀들과 당신의 사후(死後)에 관한 이야기를
나누었습니까? 그들의 반응은 어떠하였습니까? 그들과 대화
후 당신은 어떤 생각이 들던가요? 반드시 이야기를 나누어보길
권합니다.

연명의료 중단

만약 당신이 회복 불가능한 병에 걸렸다고 생각해보세요. 노력을 했지만, 더 이상 어떤 치료로도 내 몸이 좋아지기는커녕 점점 나빠져간다고 생각해보세요. 아니면 당신이 이미 의식을 잃고 주변인과 아무런 의사소통도 못하는 '식물인간'이 되어버렸다고도 생각해보세요. 이럴 경우가 흔하지는 않지만 생기곤 합니다.

기약 없는 치료를 하기엔 의료비도 많이 들고, 이런 환자를 보살피는 가족들의 마음도 아프고 복잡합니다. 이럴 경우, 당신이 생전에 작성해서 등록한 자신의 마지막 치료에 관한 의사(意思)를 적는 국가표준 양식이 있다면, 향후 치료 방향을 정하는 데 도움이 됩니다. 바로 '사전연명의료의향서'입니다.

관련 법(호스피스·완화의료 및 연명의료결정에 관한 법)에 근거한 이 양식은 당신의 임종기에 닥칠 치료에 대한 당신의 의사를 표시해두는 것입니다. 즉 '연명의료의 중단'을 표해두는 것이며, 담당의사는 이 양식에 근거해 당신의 치료 방향을 판단하게 됩니다.

호스피스·완화의료 및 연명의료결정에 관한 법

1997년의 보라매병원 사건*, 2009년의 김 할머니 사건*으로 전개된, 환자의 생명결정권에 관한 논란은 드디어 2017년 '호스피스·완화의료 및 연명의료결정에 관한 법(일명 연명의료결정법, 웰다잉법)'을 제정하기에 이르렀다. 이 법은 2018년 1월 1일부터 발효되어 환자에 대해 '연명의료(치료) 중단'이 가능해졌다. 이는 환자의 자기생명결정권이 인정되었음을 의미한다.

'연명의료(치료) 중단'이란 생존가능성이 낮은 환자(임종기 환자 혹 말기환자)의 경우, 의료진과 함께 본인의 의사(이때 의향서가 필요함), 가족의 동의 등으로 심폐소생술, 인공호흡기, 투석, 승압제 등의 치료를 중단하는 것을 말한다.

치료를 지속해도 환자가 회복되지 못하고, 정신 혹 신체 자각이 없는 상태에서 지속적 치료가 과연 의미가 있는가? 라는 질문에서 제정된 이 법은 이제 시행된 첫해이기 때문에 여러 가지 혼란이 나타나고 있다. 그러나 환자의 '자기생명결정권'이 치료에서 무엇보다도 중요하다고 볼 때, 건강할 때 설명을 잘 듣고 스스로 판단하여 사전의향서를 작성해두는 것이 현명하다. 동시에, 정작 이 의향서가 적용되어야 되는 시기에 이미 의식을 잃은 상태가 될 수 있기 때문에 가족들에게 본인의 의지와 의향서 작성 및 등록 사실을 미리 말해두어야 한다.

연명의료를 거부한 일부 환자들은 집에서 방문 의사나 간호사에 의한 완화의료(진통제, 영양공급 정도의 수준)를 받기도 하고, 아니면 '호스피스 병동'이 설치된 병원에서 완화의료(치료)를 받는다.

* 보라매병원 사건

1997년 판결된 사건으로, 회복 불가능한 환자의 퇴원(퇴원하면 사망 예측)을 강력히 요청한 가족에 대해 추후 어떤 법적 이의를 제기하지 않겠다는 서약을 받고 퇴원 지시한 의사에 대해 살인죄의 공동정범을 인정하여 사회적 논란이 제기된 사건이다.

* 김 할머니 사건

2009년 대법원은 의식이 없고, 회복 불가능한 사망단계에 진입한 환자에 대해 진료를 중단할 수 있음을 판결하였다. 이 판결은 환자가 인간으로서의 존엄과 가치, 행복추구권에 기초하여 자기결정권을 행사한 것으로 인정되면 연명의료를 중단할 수 있다고 보는 데서 비롯되었다.

사전연명의료의향서

※ 색상이 어두운 부분은 작성하지 않으며, [ ]에는 해당되는 곳에 ✓표시를 합니다.

등록번호	※ 등록번호는 등록기관에서 부여합니다.	
작성자	성 명	주민등록번호
	주 소	
	전화번호	
연명의료 중단등결정 (항목별로 선택합니다)	[ ] 심폐소생술	[ ] 인공호흡기 착용
	[ ] 혈액투석	[ ] 항암제 투여
호스피스의 이용 계획	[ ] 이용 의향이 있음	[ ] 이용 의향이 없음
사전연명의료 의향서 등록기관의 설명사항 확인	설명 사항	[ ] 연명의료의 시행방법 및 연명의료중단등결정에 대한 사항 [ ] 호스피스의 선택 및 이용에 관한 사항 [ ] 사전연명의료의향서의 효력 및 효력 상실에 관한 사항 [ ] 사전연명의료의향서의 작성·등록·보관 및 통보에 관한 사항 [ ] 사전연명의료의향서의 변경·철회 및 그에 따른 조치에 관한 사항 [ ] 등록기관의 폐업·휴업 및 지정 취소에 따른 기록의 이관에 관한 사항
	확인	년 월 일 성명 (서명 또는 인)
환자 사망 전 열람허용 여부	[ ] 열람 가능 [ ] 열람 거부 [ ] 그 밖의 의견	
사전연명의료 의향서 보관방법		

사전연명의료 의향서 등록기관 및 상담자	기관 명칭	소재지
	상담자 성명	전화번호

본인은 「호스피스 · 완화의료 및 임종과정의 환자에 대한 연명의료결정에 관한 법률」 제12조 및 같은 법 시행규칙 제8조에 따라 위와 같은 내용을 직접 작성하였습니다.

등록일	년 월 일	
등록자	(서명 또는 인)	
작성일	년 월 일	
작성자	(서명 또는 인)	

유의사항

1. 사전연명의료의향서란 「호스피스 · 완화의료 및 임종과정에 있는 환자의 연명의료결정에 관한 법률」 제12조에 따라 19세 이상인 사람이 자신의 연명의료중단등결정 및 호스피스에 관한 의사를 직접 문서로 작성한 것을 말합니다.
2. 사전연명의료의향서를 작성하고자 하는 사람은 보건복지부장관이 지정한 사전연명의료의향서 등록기관을 통하여 직접 작성하여야 합니다.
3. 사전연명의료의향서를 작성한 사람은 언제든지 그 의사를 변경하거나 철회할 수 있으며, 이 경우 등록기관의 장은 지체없이 사전연명의료의향서를 변경하거나 등록을 말소하여야 합니다.
4. 사전연명의료의향서는 ① 본인이 직접 작성하지 아니한 경우, ② 본인의 자발적 의사에 따라 작성되지 아니한 경우, ③ 사전연명의료의향서 등록기관으로부터 「호스피스 · 완화의료 및 임종과정에 있는 환자의 연명의료결정에 관한 법률」 제12조제2항에 따른 설명이 제공되지 아니하거나 작성자의 확인을 받지 아니한 경우, ④ 사전연명의료의향서 작성 · 등록 후에 연명의료계획서가 다시 작성된 경우에는 효력을 잃습니다.
5. 사전연명의료의향서에 기록된 연명의료중단등결정에 대한 작성자의 의사는 향후 작성자를 진료하게 될 담당의사와 해당 분야의 전문의 1인이 동일하게 작성자를 임종과정에 있는 환자라고 판단한 경우에만 이행될 수 있습니다.

사전연명의료의향서 작성

이 양식은 작성 후 보건복지부에 등록해야만 유효합니다. 개인적으로 등록은 안 되며, 보건복지부 지정을 받은 사전연명의료의향서 등록기관을 통해 충분한 설명을 듣고 작성하고, 상담사에 의해 등록된 양식만이 유효합니다.

사전연명의료의향서 등록기관은 2019년 현재 의료기관 49개소, 지역보건의료기관 23개소, 비영리법인 및 단체 21개소, 그리고 국민건강보험공단입니다. 문의는 서울경인지역은 '각당복지재단', 부산경남지역은 '한국다잉매터스'로 하시면 도움을 받을 수 있습니다.

192 임종기의 '연명의료', '연명의료 중단'에 대해 친구, 가족들과 반드시 이야기를 나누어봅시다. 어떤 이야기들이 나오던가요?

193

사전연명의료의향서 작성을 하셨습니까? 작성하게 된
어떤 계기가 있었습니까? 이 의향서에 대한 자신의 생각을
적어보세요.

유언장

194 이제 '유언장'에 대한 생각도 한번 짚어보고 가야겠지요.
당신이 누군가에게 물려주고 싶은 것들에는 무엇이 있는지
(동산, 부동산, 아끼던 물품 등 다 포함), 그 목록을 적어보세요.

엔딩 노트

195

유언장에 적을 수 없는 무형의 유언(교훈, 가르침 등)이 있다면
적어봅시다.

196

당신의 소유물들을 특별히 처리하고 싶은 방법이 있다면,
그 요구들을 남은 가족에게 부탁한다 생각하고 적어보세요.

197

'나의 유언장'을 작성해봅니다. 유언장은 반드시 자필로 적어야 합니다. 유언장 내에는 반드시 성명, 생년월일, 거주지 주소, 유언 내용, 작성 날짜(연월일 다 표시), 그리고 도장(지문날인도 가능)이 포함되어야 합니다.

나의 유언장

위 유언장은 (본인 성함) .... (생년월일 ....)이

(언제/작성날짜) .... 에 (어디에서/주소) ....

.... 에서 작성하였습니다. (인)

198

드디어 '임종(臨終)'의 시기에 들어섰습니다. 당신은 임종을 어디(집, 시설, 병원 등)에서 어떻게 맞이하고 싶습니까? 왜 그 장소여야 하는지, 그 이유도 생각해보세요.

마지막 말들

199 죽음을 예감하게 되면, 당신은 가까운 분들에게 어떤 말을 하고 싶을까요? 누구에게는 이런 말을, 누구에게는 저런 말을 하고 싶다, 라는 생각이 들면 여기에 한번 적어보세요. 그런 다음 기회를 만들어 반드시 그 말을, 그 사람에게 전하길 빕니다.

200 당신은 죽기 전, 누구로부터 꼭 듣고 싶은 어떤 말이 있습니까?

----

201 당신은 죽기 전에 꼭 만나서 화해를 해야 할 사람이 있습니까?

----

202 그 임종의 시기에, 당신 자신에게는 어떤 말을 해주고 싶습니까?

----

203 그 임종의 시기에, 누구의 손을 잡고 싶을 것 같습니까?

----

204 당신의 마지막 생일을 어떻게 보내고 싶습니까?

장례

205 자신의 '장례(葬禮)'에 대해 생각해본 적이 있나요?
어떤 내용이든 관계없으니 장례에 대한 당신의 생각을
뒤 페이지 '장례 의향서'를 참고하여 정리해보세요.

장례 의향서

나의 사망 후 치러지는 장례 의식과 장례 절차 및 장례 방법에 대해, 나는 다음과 같이 원하는 바입니다. (자신의 의지와 일치하는 내용을 (   )에 적거나, ○로 표시해보세요.)

- 장례 일정 (   )일장 정도면 좋겠다.

- 부고
  (   ) 알리지 말고 가까운 가족끼리 치르면 좋겠다.
  (   ) 가까운 친구, 지인들에게 알리는 정도면 좋겠다.
  (   ) 가급적 널리 알리면 좋겠다.

- 장례 형식
  (   ) 나의 종교적 신념에 일치하는 형식을 갖추면 좋겠다.
  (   ) 형식은 아무런 상관이 없다.

- 장례 방법
  (   ) 매장해주세요.
  (   ) 화장해주세요.

엔딩 노트

- 염습
  (　　) 정해진 절차에 따라 해주세요.
  (　　) 하지 말아주세요.

- 수의
  (　　) 평소에 입던 옷으로 입혀주세요.
  (　　) 검소한 수의로 해주세요.
  (　　) 마지막 가는 길이니 좋은 것으로 해주세요.

- 관
  (　　) 종이관 정도면 됩니다.
  (　　) 검소한 관이면 됩니다.
  (　　) 마지막 길이니 좋은 것으로 해주세요.

- 안치 장소
  매장의 경우 : (　　) 공설 묘지
  　　　　　　　(　　) 개인, 가족묘지
  　　　　　　　(　　) 종 · 문중묘지, 법인묘지
  화장의 경우 : (　　) 봉안당(납골당)
  　　　　　　　(　　) 봉안묘
  　　　　　　　(　　) 자연장, 수목장
  　　　　　　　(　　) 해양장
  　　　　　　　(　　) 산골

206

당신의 장례를 주제로 배우자, 자녀, 혹 형제자매들과 대화를 해보시길 권합니다. 그 대화에서 나올 만한 이야기들은 어떤 것이 있을까요? 대화를 나눈 뒤 여기에 적어봅니다.

엔딩 노트

207

장례에 대해 더 부탁하고 싶은 것이 있다면 적어보세요. 예를 들면 영정사진, 부의금품, 음식 접대, 제단 장식과 사용되는 꽃들, 배경 음악 등에 관한 귀하의 희망사항들입니다.

----

208 영정사진(장수사진)은 준비했습니까? 배우자의 것도 준비했습니까? 아직 젊어서 안 하셨다면, 어떤 이미지의 영정사진이 좋을지 생각해보세요. 지금부터라도 문상을 가면 고인의 영정사진을 관찰하시기 바랍니다.

---

209 사후(死後) 장례가 보통입니다만, 요즘은 살아생전에 치르는 '생전(生前) 혹 사전(事前) 장례'를 하는 분들도 계십니다. 죽기 전에 직접 인사를 다 하고 가겠다는 의지의 표시라고 봅니다. 이런 장례에 대해 당신은 어떻게 생각하십니까?

생전(生前) 장례식

나는 어떻게 죽음을 맞이해야 할까? 여러 가지를 상상해보았다. 나는 병상에서 의식 없는 상태로 사랑하는 이들과 작별하고 싶지도 않고, 영안실에서 절을 받고 싶지도 않다. 오늘날 흔히 보는 조문과 장례식은 떠난 이의 명복을 비는 행사인 동시에 유족을 위로하는 자리이다. 그러나 내가 알지 못하는 내 아이들의 친구나 거래처 사람들이 내 장례식에 오는 것을 나는 원하지 않는다. 나와 삶을 공유한 사람들과도 그렇게 작별하고 싶지 않다. 웃는 얼굴로 마지막 인사를 나누고 싶다. 파티라도 열어 즐겁게 작별하고 싶다. 내 삶과 죽음을 애통함이 아니라 유쾌한 기억으로 남게 하고 싶다.

나는 이 파티에 인생의 길모퉁이를 돌 때마다 뜻을 함께하고 사랑과 정을 나누었던 사람들, 시련과 고통을 함께 견뎌냈던 사람들을 초대하려고 한다. 참, 초청인은 만일 아내가 찬성해준다면 둘의 이름으로 초청하고 싶다. 초대받을 사람들은 우리 아이들, 다행히 있다면 사위와 며느리, 손자손녀들, 가깝게 교류한 양가의 친척들이다. 그리고 기력이 있는 친구들, 중·고등학교 친구들, 우리 가족과 각별한 우애를 가진 아내의 친구들, 나와 함께 원칙과 상식이 통하는 사회를 만들어보겠다고 함께 발버둥 쳤던 정치 동지들도 빠뜨리지 말아야 할 것이다. 팬클럽 '시민광장'을 만들어 어려울 때마다 나를 구해주고 도와준 시민들은 꼭 모셔야 한다. 함께 좋은 책을 만들었던 출판단지 사람들도 초대하는 것이 좋겠다. 재즈가수 말로와 조관우 씨는 아내와 내가 다 좋아하고 조금은 친하기도 한 가수들이니 노래를 청해도 될 것이다. 낚시 동우회 친구들도, 대학서클 선후배들도 절대 빠뜨리지 말아야 한다. 여기에 오는 손님들에게는 나의 사후(死後) 장례식에는 오지 말라고 부탁할 것이다.

장소는 어디 좋은 웨딩홀이나 카페가 좋겠다. '유시민의 생전 장례식'에 초대받은 손님들은 자기 몫의 회비를 들고 와서, 멋진 출장 뷔페의 음식을 나누어 먹게 할 것이다. 이제 어떤 물건도 나는 소용이 없으니, 선물은 손으로 쓴 엽서나 그 자리에서 나에게 들려줄 음악이면 족하리라.

이 파티는 추억, 사랑, 용서를 위한 것이다. 이 자리에서 우리는 함께 공유한 인생의 한 조각 또는 큰 덩어리에 대한 이야기를 할 수 있을 것이다. 내가 한 일들이 다른 사람에게 준 기쁨과 아픔을, 타인에게서 내가 받았던 즐거움과 상처를 되짚어볼 것이다. 그렇게 살면서 다 전하지 못했던 사랑, 감사 그리고 원망하는 마음까지도 남김없이 풀어놓을 수 있을 것이다. 고백하고 이해하고 용서하고 화해함으로 남는 자의 삶과 떠나는 자의 죽음이 더 평화로워지는 것이다. 이런 것이 좋은 작별 아니겠는가?

나의 육신은 화장한 뒤, 묻은 자리도 표시 나지 않게 잘 다지고, 거기에 느티나무처럼 오래 사는 나무 한 그루 심으면 좋겠다. 내 자손들이 내 생각이 날 때 언제든 소풍 오듯 와서 작고 예쁜 꽃 한 송이 놓아주고, 나무

그늘 드리운 돌에 걸터앉아 서로 안부를 나눌 수 있다면 좋을 것 같다. 그것으로 나는 충분하다. 제사는 지내지 말라고 할 것이다.

진지하게 죽음을 생각할수록 삶이 더 큰 축복으로 다가온다. 죽음이 가까이 온 만큼 남은 시간이 더 귀하게 느껴진다. 삶은 준비 없이 맞았지만 죽음만큼은 잘 준비해서 임하고 싶다. 애통함을 되도록 적게 남기는 죽음, 마지막 순간 자신의 인생을 기꺼이 긍정할 수 있는 죽음을 맞이하고 싶다. 때가 되면 나는, 그렇게 웃으며 지구행성을 떠나고 싶다.

출처 : 유시민, 『어떻게 살것인가?』. 생각의 힘. 2013. 332–339쪽.
글의 의미를 훼손하지 않는 범위에서 엔딩 노트의 성격에 맞게 재서술함.

조문보

조문보(弔問報)는 고인의 삶을 간략히 정리한 문서입니다. 즉 고인이 살아온 이야기, 고인의 사진, 유족 소개, 장례 안내 등이 담겨 있으며, 고인에 대한 추억을 간직할 수 있도록 만들어집니다.

조문보는 보통 가족에 의해 작성되는 경우가 많으나, 미리 준비만 된다면 본인의 인생 약사(略史, 간단히 정리한 글)를 직접 작성해두는 것도 좋습니다. 이 조문보는 당신을 사랑하는 사람이 작성할 추도사의 기본자료가 될 것이며, 당신의 장례에 참석한 모든 분들에게 나누어지며, 당신이 드리는 마지막 선물일 것입니다.

이 책에서 쭉 적어온 당신의 인생이야기를 간략히 정리해서 작성합니다.

출처: 노항래, 『삶을 기록한다』, 은빛기행, 2016, 50-62쪽

210 당신의 장례식에 나누게 될 조문보 초안을 직접 작성해보세요.

인생 대단원

211

당신의 인생을 끊지 말고, 한 덩어리로, 마지막 평가를
해보세요. 당신은 잘 살았습니까? 당신의 인생에
만족하십니까?　　　　　　　점
('나는 나의 인생에 매우 만족한다 100점 ~ 나는 나의 인생에 전혀
만족하지 못한다 1점' 사이에서 적절한 점수를 찾으면 됩니다.)

212

"나의 한 평생은 (　　　　　　　　　　　　　　　)(였)다."

213

당신의 묘비에 어떤 글을 남기고 싶습니까?

214

당신 인생의 어느 면이 수정 가능하다면, 무엇을 어떻게
바꾸고 싶습니까?

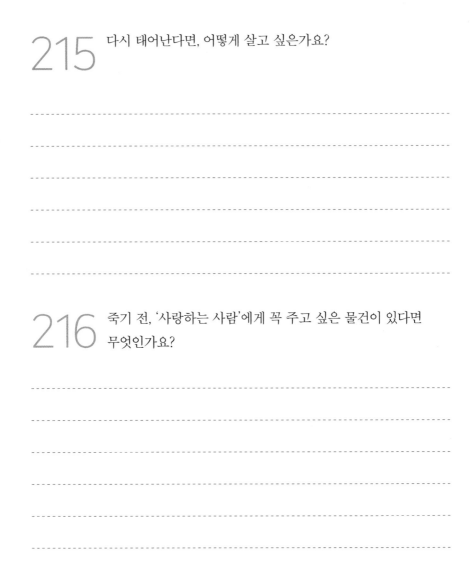

215 다시 태어난다면, 어떻게 살고 싶은가요?

216 죽기 전, '사랑하는 사람'에게 꼭 주고 싶은 물건이 있다면 무엇인가요?

217

당신 자서전의 표지를 디자인해보세요. 어떤 제목과 그림이
들어가면 좋겠습니까?

218 마지막으로 '부모님에게 쓰는 편지'를 작성해봅니다.
멀리서라도 당신의 마음을 전해 들을 것입니다.

남은 시간이 얼마나 될까?
뭘 준비하지?

문제는 어떻게 죽느냐가 아니고
어떻게 사느냐이다.

제임스 보즈웰 James Boswell

• 4부 •

남은 시간,
행복하게 보내기

내가 무엇을 원하는지 알다

죽음의 차사가 나를 데리러 오면 모든 걸 내려놓고 미지의 세계로 간다고
상상해봅시다.

219
나의 삶이 사흘 후에 끝난다면, 지금 당신은 어떤 일을
하겠습니까?

220

지금까지 살아오면서 당신이 한 많은 일들 중, 그래도 '참 잘했다'라고 여겨지는 것이 있다면 무엇입니까? 여러 개 적어도 됩니다.

221 당신이 늘 하고 싶었지만 여러 가지 사정으로 하지 못한
활동들이 있을 것입니다. 건강과 시간, 그리고 여러 여건(경제적
여건, 동반자 등)이 허락한다는 전제에서, 당신이 하고 싶은 일
10개를 찾아 적어보세요.

✽ 그림책 『숲으로 간 코끼리』를 권합니다. 자세한 정보는 참고문헌 페이지에
있습니다.

222 옆 페이지에 적은 것이 바로 당신의 '버킷 리스트(bucket list)'입니다. 이 중 '가장 먼저 하고 싶은 것'을 하나 선택해보세요. 그런 다음 그 활동에 대한 구체적 계획을 적어보세요. 어떤 방법으로, 누구와, 언제 하고 싶으며, 예상 경비는 어느 정도일지 등이 포함되어야 합니다.

----

223 위에서 선택한 그 활동을 당신이 다 수행했다고 가정해봅니다. 다 마치고 나면 어떤 생각, 어떤 느낌이 들 것 같습니까? 상상하여 적어보세요.

성공적 노화

늘는다(노화, aging)는 것은 비록 발달의 한 과정이기는 하나, 우리는 부정적 의미로 인식하고 있다. 전통적으로 늘는다라는 것을 '고통스러운 쇠퇴의 과정'이라고 보았기 때문이다. 그러나 로와 칸(Rowe & Kahn, 1998)은 이런 속성에서 벗어나 늘어감을 '나이 들면서 사회적, 신체적 습관에 의해 신체와 정신이 더욱 통합적으로 유지되어가는 과정'으로 보았고 이를 '성공적 노화'라고 불렀다. 그래서 나이 듦에서 유전적 영향보다는 바른 사회적, 신체적 생활 습관이 더욱 중요하게 인식되었고 활기찬 늘음이 기대되었다.

노년에도 정신과 신체의 건강을 유지할 수 있는 방법은 무엇인가? 로와 칸은 '질병 및 장애예방(식습관, 운동 중요), 정신적인 자극 받기(지속적인 인지활동으로 공부하기, 호기심 가지기 등), 인생참여(적극적인 사회활동으로 대인관계 맺기)'를 강조하였다. 여기에 일부 학자들은 '긍정적 영성'을 포함시켜 종교생활, 명상, 영적 활동도 노인에게는 중요하다고 하였다.

노년일수록 적극적인 인생참여가 중요하다. 이제부터라도 가족 및 친지, 친구들과 화해하여 관계를 회복하고, 생의 의미를 느낄 수 있는 생산적 활동에 참여하는 것이다. 그러하면 외로움, 고독감도 덜 느끼고, 내게 주어진 많은 것에 감사하는 마음도 생겨 웃을 일도 더 많아질 것이다.

출처 : 정옥분. 『성인노인심리학』. 학지사. 2008. 520-523쪽.

엔딩 노트

행복연습

이제부터 당신은 작은 행복을 찾는 연습을 할 것입니다. 제시되는 '행복 연습' 주제를 매주 한 번씩 생각해보고, 적어보시길 권유합니다. 그러다 보면 차츰 당신의 입가에는 미소가 번질 것이고, 당신의 마음에는 온기가 피어오를 것입니다. 그러면 당신의 일상에는 더 충만한 사랑이 스며들 것이며, 드디어 당신의 행복지수는 점점 올라갈 것입니다.

행복은 돈으로 사는 것이 아니라 내가 무엇을 생각하며, 어떤 행동을 하는가에 달린 것입니다. 당신도 스스로 더 행복한 사람이 될 수 있습니다.

'행복노트'를 별도로 준비해서 연습을 할 때마다 적어보는 것도 좋습니다.

출처 : Tal Ben-Shahar. *Even happier* : 서윤정 옮김. 『하버드대 52주 행복연습』. 위즈덤하우스. 2010

일기 쓰기

초등학교 시절 우리는 매일 일기 검사를 받았습니다. 비록 반복된 생활들로 지루한 일기장이었지만, 매일 적는 그 일기가 한 페이지 한 페이지 쌓이는 것이 기뻤던 기억들도 있을 것입니다.

지금 나이 들어서 보니 하루하루가 지루하기도 합니다. 아무 하는 일 없이 하루가 가기도 합니다. 오늘부터 작은 공책을 하나 준비해서, 내 눈에 보이는 것들을 주제로 일기를 적어봅니다. 오늘 바라본 하늘, 목욕탕에 가다가 만난 이웃, 산책길에서 내려다본 거미떼들… 무엇이든 일기의 주제가 됩니다.

시작이 첫 걸음입니다. 매일 조금씩 나의 하루하루를 적어나가 봅니다. 가끔은 그 일기를 소리 내어 읽어도 봅니다. 혹시 공부를 많이 하신 분들이라면, 예전의 공부했던 것을 다시 정리하는 일기 쓰기를 해보는 것도 의미가 있을 것입니다. 그 공부에서 예전과는 다른 새로운 해석이 문득 머리를 스치고 지나갈 것입니다. 일기를 통해 당신의 새로운 나날이 만들어질 것입니다.

혹시 일기 쓰기가 버겁거나, 귀찮다면 자주 이 엔딩 노트를 펴서 빈 칸들을 다 채우는 노력을 해보세요. 지금의 내가 찾아지고, 마음이 편안해질 것입니다. 그것도 작은 행복입니다.

오늘의 일기

날짜 :　　　　　　년　　　월　　　일

주제 :

225 일기를 적어 보았습니다. 어떤 생각, 느낌이 들었습니까?

매일 조금씩 산책하기

운동보다는 조금 가벼운, 주변을 관조하듯이 천천히 걷는 산책은 당신을 철학자로 만들어줍니다. 날마다 걷기, 댄스, 헬스 등 운동을 하는 분들도, 주변을 살피면서 천천히 걸어보는 것이 좋습니다. 하늘이 보이고, 풀섶이 보이고, 노는 아이들의 목소리가 들리면서 '아름다운 인생'이란 말이 떠오르고, '내가 살아 있구나'라는 느낌이 들 것입니다. 늘 지나치는 가게를 보면서도 '오늘따라 과일이 싱싱하구나', '맥주 박스가 많이 나와 있구나' 하는 생각과 함께 어린 시절의 과수원 놀러 갔던 일, 친구들과 밤새 술 마시던 일들이 아름다운 추억으로 떠오를 것입니다.

산책하는 시간을 매일 정해두면 더욱 좋습니다. 그것은 당신의 하루를 규칙적으로 만들고, 당신의 정신을 깨어 있게 합니다. 당신의 하루 일정에 따라 아침 산책이 편한 분도 있을 터이고, 오후 혹 저녁 산책이 더 좋은 분도 있을 것입니다. 시간은 30분 정도면 좋습니다만 더 걷고 싶으면 더 걸어도 좋습니다.

누구와 함께 걷는 것도 좋지만, 혼자만의 산책이 필요할 때도 있다고 봅니다. 산책을 하면서 우리는 여러 가지를 생각합니다. 혼자일 때 그 생각들이 많아지고 깊어진다고들 합니다. 산책은 신체적, 정신적으로 우리를 건강하게 해줍니다. 뿐만 아니라 그러나 그 호젓한 시간에 몰입하는 것은 정서적으로 우리를 안정시키는 효과를 줍니다.

226

요즘은 어느 길을 산책하는지요? 산책하면서 보는 것, 느끼는 것들을 적어보세요.

227　혹시 함께 산책하고 싶은 분이 있나요? 그분과 어떤 이야기를
하면서 걷고 싶습니까?

228　살고 있는 지역에서 산책하기 좋은 곳을 찾아, 여기에
정리해두세요.

감사편지 적기

인생에는 소중한 것들이 많습니다. 그 소중한 것들을 '삶의 가치'라고 표현합니다. 가끔 우리는 인생의 목표를 '돈을 많이 번다', '출세한다' 등으로 표현하지만 실제는 그 꿈 너머에 있는 꿈, 즉 좋은 가치를 가지고 싶어합니다. 사랑, 안정, 유대, 감사, 헌신 등과 같은 것이지요. 이처럼 우리가 삶에서 반드시 지녀야 하는 것, 그래서 우리가 더 행복할 수 있는 덕목에서 '감사함'은 절대 빠지지 않습니다. 누군가 당신에게 '감사합니다'라는 말을 하면 기분이 좋을 것입니다. 그리고 당신도 감사함을 표현할 때는 표정이 밝을 것입니다.

먼저 감사편지를 보내고 싶은 사람을 찾아봅니다. 처음엔 가까이 있는 분들이 먼저 생각납니다. 물론 그분들을 생각하면서 적으시면 됩니다. 몇번 적으면, 어린 시절 혹 학창 시절에 나를 도와주신 분들이 생각날 것입니다. 결코 아무도 없지는 않습니다. 당신이 감사를 전할 사람을 못 찾은 것뿐입니다. 감사인사에 익숙하지 않아서, 긴 세월 '감사' 따위를 잊고 살았기 때문입니다. 찾으셔야 합니다. 분명 있습니다.

그런 다음, 그분 앞으로 편지를 써보세요. 그분으로부터 받은 감사가 어떤 것이었다는 것을 기억하면서, 그분이 도움 주신 그 일, 그 물질, 그 언행 등을 자세히 적어보는 것입니다. 그리고 마지막에는 그 덕분에 지금 내가 이렇게 잘 지내고 있음을 그분께 알려드리는 것입니다.

229

당신의 첫 번째 감사편지를 받을 분은 누구입니까?
지금 당장 감사편지를 한 통 적어봅니다.

어린아이들과 지내기

심리학자 번(Berne)은, 우리의 자아(ego)는 세 가지, 즉 '부모 자아, 어른 자아, 아이 자아'로 이루어져 있다고 했습니다. 실제 어린아이들은 '아이 자아'로 표현됩니다. '어른 및 부모 자아'는 아직 자라지 못했다고 보면 됩니다. 그래서 아이들로부터 우리는 천진성, 유희성을 쉬이 발견하고, 그러한 아이들의 특성으로 우리는 즐거워하고 유쾌해집니다. 나이를 먹고, 점점 성숙하면서 이 세 자아는 균형을 잡게 됩니다. 그러나 어른들은 자신 속의 '아이 자아'를 숨기고 훈계와 통제에 익숙한 '부모 자아'만 드러내려고 합니다.

당신 마음속의 '아이 자아'를 살려내는 가장 쉬운 방법은 어린아이들과 함께 시간을 보내는 것입니다. 함께 놀기가 어렵다면 아이들을 웃으면서 바라만 봐도 됩니다. 당신의 그 미소는 아이들에게 친근감을 줄 것이고 차츰 당신은 아이들(손자녀들)과 친해질 것입니다. 아이의 손을 잡고 산책을 하셔도 되고, 아이들과 공놀이나 수영을 해도 됩니다. 아이들을 자주 만나고 그들과 자주 웃으면서 놀아주는 것이 당신에게는 큰 행복이기 때문입니다.

때로는 아이들을 당신 집으로 초대해보세요. 당신의 생일이나 당신이 그냥 보내기 아까운 날엔, 그들을 초대해 함께 풍선도 불고 맛난 밥도 먹어보세요. 그들의 아이 자아를 훔쳐보거나 그들의 발랄함에 푹 빠져보세요. 그들과 재미난 시간을 가지는 것, 그게 바로 당신에게는 행복이기 때문입니다.

230
손자 혹 어린아이들과 함께 있을 때, 어떤 느낌, 생각, 감정이
듭니까?

231
젊었을 때 바라본 아이들과 나이가 들어 바라보는 아이들이
다를 것입니다. 그 차이에 대해 적어보세요.

----

232 어린 자손들이 어떤 세상에서, 어떻게 살기를 바랍니까? 그런 세상을 만들기 위해 당신은 무엇부터 하시렵니까?

좋아하는 사람들과 식사하기

당신의 식탁에 초대하고 싶은 사람은 누구누구입니까? 때로는 자녀들과, 때로는 친구들과, 때로는 동호회 교우나 후배들과 함께 밥을 먹을 수 있다면 당신은 행복합니다. 성품에 따라서는 다른 사람과 밥 먹는 걸 좋아하지 않는 사람들도 있습니다. 그러나 행복을 연구하는 많은 학자들은 혼술, 혼밥을 즐기는 사람이라도 때로는 '타인과 이야기하면서 먹는 식사'를 감초처럼 권합니다.

가끔, 어떤 날(생일이나 기념일), 혹 정해진 요일에는 혼자가 아닌, 누구와라도 함께 밥을 드세요. 이런 일상의 리듬을 만들기 위해 노력해야만 당신이 더 행복해질 것입니다. 그 시간은 단순히 허기를 채우는 시간이 아니라, 당신의 친교이며 당신이 웃음을 만드는 시간이기 때문입니다. 만난 사람들과 공통 주제, 즉 학창 생활이나 동호회 이야기 등을 나누시면 됩니다. 당신이 즐거웠던 일을 이야기하고, 그 사람의 이야기에 유쾌하고 긍정적으로 답해주세요. 'I'm O.K., You're O.K.' 화법이죠. 밥 먹기 위해 만난 파트너에게 불쾌감을 주는 비판적 언사는 하지 않아야 합니다. "인생에 뭐 정답이 있던가요? 누구는 결혼을 세 번이나 했다니… 그것도 있을 수 있는 일이지요…."라고 넘기는 아량이 필요합니다. 내 흠은 없을까요? 그러니 어느 누구에게도 감사와 사랑이 전달될 수 있도록 즐겁게 식사하면 됩니다. 웃으면서 지인들과 밥 먹는 것, 그게 바로 행복입니다.

233 당신의 식탁에 초대하고 싶은, 즉 함께 밥 먹고 싶은 사람을
떠올려보세요. 그런 다음 어디에서, 어떤 음식을 먹고
싶은지도 생각해보세요. 식사 초대 인사를 적어봅니다.

234

당신이 좋아하는 음식을 적어보세요. 그런 다음 그 음식을
만드는 방법(레시피)을 조사하여 적어봅니다.

서랍과 옷장 정리하기

살아온 세월이 긴 만큼, 내가 지니고 있는 짐들도 많습니다. 옷장, 신발장, 서랍, 책장 아래와 위까지 우리는 내 것이라고 부르는 물건들을 가지고 있습니다. 그 물건들은 다 내가 필요해서 구입한 것이고, 나와 각별한 정을 가지고 있는 것들입니다. 모두 내 분신 같고, 나의 추억을 말해주는 것들이기 때문입니다.

어느 날, 내가 아프기 시작합니다. 점점 그 물건들은 소용이 없어집니다. 내 몸 하나도 건사하기가 힘들어지면, 오히려 그 물건들은 나에게 폐만 됩니다. 누워서 생각하니, 요양병원이나 다른 시설로 옮길 때 내가 가지고 갈 것은 오직 트렁크 하나일 것이라는 결론이 나왔습니다.

갑자기 병을 발견해 입원하시고, 퇴원 한번 못하고 돌아가신 제 친정 아버지의 짐이 생각납니다. 아버지에게는 큰 의미를 지닌 것들이었을 텐데, 자식들은 아무것도 모른 채 그냥 정리했습니다. '정리한다'기보다는 '버린다'라는 표현이 맞겠지요. 그때 저는 '이건 아니다'라는 생각을 했습니다. 자신이 살아온 인생의 무게나 짐을, 스스로 정리정돈하고 가는 것이 또 다른 행복임을 알았습니다.

연세가 70이 넘는다면, 일차로 짐을 반쯤 줄이도록 애를 씁니다. 누구 줄 것은 주고, 버릴 것은 버리고, 그래도 내가 더 간직하고 싶은 것은 다시 정리해서 넣어둡니다. 이 시간이 바로 엔딩 노트를 적는 것과 같은 효과를 주는 시간입니다. 그 물건들 속에서 나의 과거를 돌아보고, 나의 추억을 잔잔히 만져보고, 나의 지나간 시간을 사랑했다고 말해줍니다. 그것은 슬픔이 아니라, 긴 세월을 살아온 역전의 용사 같은 나에게 주는 행복입니다.

그리고 80세가 넘으면 다시 짐을 반쯤 줄입니다. 3평짜리 집에 살아도 견딜 수 있을 정도로 짐을 줄입니다. 겨울 코트도 한 벌만 두고, 수영복 등은 과감히 버립니다. 혹시 바닷가 갈 일이 있으면 이젠 반바지를 입고 들어가야겠지요. 당신이 여태껏 움켜쥐고 있던 것들을 나누면서, 당신은 그 물건에 배인 행복, 지금까지 당신의 것이라고 여겨온 그 행복을 다른 사람들에게 주는 것입니다. 당신은 지금 행복을 나누는 일을 하고 계십니다.

어떤 분은 애지중지한 그릇을 버리기가 제일 힘들었다고 했습니다. 애써 돈 모아, 그것도 세트로 구입한 그릇들인데… 말짱한 그 그릇들을 어느 자식도 가지고 가지 않겠다고 하였답니다. 내가 트렁크에 넣어서 들고 갈 수도 없으니… 내 자식들은 아니라지만 그 물건을 필요로 하는 다른 사람들이 있을 수 있습니다. 어디에 연락해야 할지 몰라서 그렇지, 세상에는 나누어 쓰고 다시 쓰는 많은 사람들이 있습니다.

엔딩 노트

235 당장 자신이 사는 지역에서 제일 가까운 '아나바다(아껴 쓰고, 나누어 쓰고, 바꾸어 쓰고, 다시 쓰는) 장터'나 '아름다운 가게'의 연락처를 메모해두세요.

----

236 트렁크 한 개에 나의 짐을 넣는다면, 무엇을 넣고 싶습니까? 구체적으로 적어보세요.

사진은 나의 삶을 설명하는 좋은 증거입니다. 지금은 휴대폰으로 사진들을 찍어 파일로 정리하지만, 전후(戰後)세대인 지금의 어른들은 사진기로 찍은 인화된 사진들을 가지고 있습니다. 더욱이 그 사진들은 두꺼운 앨범에 너덜너덜 붙어 있는 경우가 많습니다. 조속히 정리해야 될 목록 중의 하나입니다. 그러나 단순히 짐이라서 버린다기보다는, 하나하나 나의 과거를 되새김하면서 소중한 사진들을 고르는 시간을 가져보라는 것입니다.

퇴직을 하고 저는 어느 하루, 작정하고 앨범들을 가능한 연도순으로 훑어보기 시작했습니다. 목적은 사진 정리였지만, 지나간 저의 젊은 시절의 사진들을 시간 가는 줄 모르고 즐겁게 넘겨 보았습니다. '이럴 때가 있었구나!' 사진 속의 어린 제가 예쁘기도 했습니다. 젊은 엄마가 보이기도 했습니다. 학교 운동회날의 사진도 있었습니다. 한 권을 다 본 후, 다시 되돌아가 '이건 버릴 수 없어!'라는 마음이 드는 사진은 뽑아서 그 뒷면에 기억나는 대로 연도를 적고 새 상자에 따로 모았습니다. 가능한 한 작게 추려내려고 노력하였습니다.

제 이야기를 들은 아이들이, 그 사진들을 연도순으로 정리해두면 스캔하여 새 앨범을 만들어주겠다는 것을 사양했더니(다시 두꺼운 앨범을 가지다니…), 그럼 아이패드에 넣어주겠다고 하더군요. 아무리 몇백 장의 사진이라도 아이패드엔 다 들어간다니, 그건 괜찮을 것 같았습니다. 언젠가 누워서 지낼 수밖에 없을 땐, 그 아이패드만 보면 될 듯하네요.

혹시 어린 시절의 사진이 많지 않은 분도 있을 것입니다. 내 사진이 본가나 다른 형제자매 집에 있다면, 한번 챙겨 보는 것도 좋겠습니다. 그리고 지금 사용하는 컴퓨터나 휴대폰에 많은 사진이 저장되어 있을 것입니다. 사진을 다 모은 뒤에는, 스스로 혹은 주위의 도움을 받든지 사진관에 가보든지 하여, 가능한 한 작은 부피로 보관해야 합니다. 양이 많지 않다면 휴대폰에 저장해두셔도 될 것입니다.

사진 정리의 첫 번째 목적은 옛 사진들을 통해 나의 지난 삶을 다시 보는 것 입니다. 둘째는 그 과거들 속에서 잃었던 행복감을 다시 찾아보는 것입니다. 때로는 돌아가신 부모님이나 형제자매의 사진들이 나를 울릴 수도 있지만, 그 울음은 오히려 나를 힐링해줄 것입니다. 바랜 사진들 속에서 새로운 행복을 느끼기를 바랍니다.

237
사진 정리를 하면서 어떤 생각, 감정이 일어나던가요?

238
그중 가장 마음에 드는 사진은 어떤 사진이었나요?
왜 그 사진이 좋았을까요?

재래시장 나가보기

요즘은 주변에 마트, 슈퍼마켓 등이 많습니다. 편리해서, 혹은 구경 삼아 우리는 마트나 슈퍼마켓에 자주 가게 됩니다. 그러나 조금만 걸으면 어느 동네든 재래시장이 있습니다. 넓고 깨끗한 마트를 가는 것도 나쁘지 않지만, 그런 만들어진 가게에서 '사는 재미, 인간의 냄새'는 느낄 수가 없을 것입니다.

재래시장에는 좌판이 있고, 가게마다 큰 앞치마를 두른 아줌마나 아저씨들이 서서 우리와 눈을 맞추어주기도 합니다. 동네의 작은 재래시장(한 바퀴 도는 데 겨우 30분 정도면 되는)도 좋지만 큰 재래시장(제가 사는 부산지역에서 보면, '국제시장', '자갈치시장', '구포시장' 같은)에 나가면 족히 서너 시간은 구경 다닐 수 있습니다. 크든 작든 시장에는 다양한 먹거리도 있습니다. 특히 철따라 나오는 채소나 과일은 보는 눈을 즐겁게 합니다. 그러나 무엇보다 좋은 건, 그 시장을 구경 다니다 보면 어느새 얼굴엔 생기가 돌고, 입맛이 살아나고, 장을 봐서 음식을 만들고 싶다는 힘이 생기는 것입니다. 내가 살아 있는 것입니다. 특히 '자갈치 시장' 같은 수산건어물 시장에서는 팔딱거리는 생선들이 저를 행복하게 해줍니다. 손으로 쿡 찔러보기도 하고, 때로는 그 살아 있는 놈을 사서 그 자리에서 횟감으로 먹는 즐거움이 있습니다.

저의 지인 중에는 동네 재래시장도 흡족하지 못해, 시골 5일장을 순례하 듯 다니는 분이 계십니다. 물론 그분은 운전을 하고 다니지만, 때론 새 벽 직행버스를 타고 갑니다. 봄에는 원동에 가서 '미나리'를, 하동에 가서 는 '엉개' 등을 구해 오시고, 가을엔 영천 5일장에 가서 잡곡 등을 사 옵니 다. 때로는 큰 덩어리로 사 오셔서 여러 사람과 나누기도 합니다. 그분 이 야기로는 시장 물건이 마트보다 싱싱하긴 해도 결코 가격이 싼 것은 아 니랍니다. 하지만, 더욱 중요한 것은 자기는 그 시골장에 가면 비로소 자 기가 사람처럼 사는 것 같답니다. 햇빛이 비추어 덥고, 때로는 소음과 먼 지가 있기도 합니다. 하지만 그곳에는 소도 있고, 팔기 위해 큰 통에 담긴 채 시장 바닥에 놓여 있는 작은 고양이들도 있고, 좌판에 앉아 먹는 떡과 단술(식혜)도 있습니다. 그분은 시장에 가면 어린 시절의 자기가 느껴져서 좋다고 합니다.

그러나 거동이 불편하다면, 가까운 시장이라도 나가보세요. 철철이 나오 는 많은 작물들을 구경하는 것도 좋고, 어린 시절 보지 못한 기묘한 물건 들이 진열되어 있는 곳을 구경 삼아 다녀보는 것도 우리에게는 생기(生氣) 가 도는 일입니다. 비라도 오거나 기분이 가라앉으려는 날에는 편한 신발 을 신고 시장에 나가봅니다. 그러면 분명 행복해질 것입니다.

엔딩 노트

239

시장과 관련된 어린 시절의 기억, 추억이 있으면 적어보세요.

240
주변에 어떤 재래시장이 있습니까? 가족과 나들이 해보시기
바랍니다.

241
특별히 가보고 싶은 시골의 5일장을 찾아보세요.
그리고 그 시장에서 무엇을 사 오고 싶은지도 생각해보세요.

행복연습 9 **상상 여행 하기**

90대의 노인들에게 "만약 젊은 시절로 되돌아간다면, 무엇이 제일 하고 싶습니까?"라고 물었습니다. 그들의 답은 첫째는 연애이고, 둘째는 여행이었습니다. 어떤 여행이든 여행을 간다는 것은 우리를 들뜨게 합니다. 하지만, '여행은 젊어서 해야제'라는 말 또한 맞는 말입니다. 속절없이 늙어버린 지금, 지금이라도 시간과 건강이 허락한다면, 여기저기 산수 좋은 곳을 다니는 것은 행복입니다. 그러나 때로는 여행을 못 갈 상황이 되기도 합니다. 며칠씩 집을 비울 수 없는 여건일 수 있습니다. 또한 한 번 움직이면 몇십만 원에서 수백만 원이 드는 여행을 자주 다닐 수 있는 분들은 그리 흔치 않습니다.

경치 좋은 곳이나 우리를 감동하게 할 훌륭한 유적지를 가보지 못한다는 것은 슬픈 일이기도 합니다. 그러나 꼭 버스나 기차를 타고 가는 것만이 여행은 아닙니다. 가서 사진만 찍고 온 것보다 더 흥미로운 여행법이 있습니다. 저는 '상상 여행'이 실제 여행만큼, 때로는 더 큰 배움을 줄 수 있다고 말합니다. 그 배움에서 또 다른 행복을 느낄 수 있다고…….

상상 여행은 글자 그대로 상상으로 여행을 다녀오는 것입니다. 거기에도 준비가 필요합니다. 제가 가르쳐드리는 대로 준비해보시기 바랍니다. 저는 상상 여행을 통해 아프리카도 다녀오고, 알래스카도 이미 다녀왔습니다. 언제나 내가 가고 싶을 때 여행을 가면 되는 것이니, 나 혼자 마음대로 행복해 합니다.

먼저, 목적지를 구체적으로 정합니다. 어느 나라, 어느 도시까지는 정해야 합니다. 많은 자료를 섭렵하여 당신이 제일 가고 싶었던 곳을 정하세요. 당신 마음대로 정하는 것이니, 얼마나 좋습니까?

두 번째, 그 목적지까지 가는 길에 경유하여 들를 곳이 있는지 찾아봅니다. 시간에 구애받지 않으니 여기저기 구경하고 가도 됩니다. 여러 나라를 경유해도 되고, 여러 도시를 경유해도 됩니다. 단, 가고 싶은 곳을 정하기 위해서는 그 지역에서 무엇을 관광할 것인가를 관련 도서, 인터넷을 통해 자세히 찾아보아야 합니다. 그러면 당신의 여행 코스가 정해질 것입니다. 기존 관광 상품을 참고해도 좋겠죠. 그런 상품에는 각 지역과 장소의 볼거리, 먹거리 등이 나와 있기에 자료 모으기가 아주 좋습니다. 사진 자료까지 모을 수 있습니다.

세 번째, 일정표를 짜보는 것입니다. 출발 지역에서 ○○항공을 타고 ○○ 도시에 내려 ○○, ○○를 보고, 숙박하고(1박), 다음엔 ○○를 타고 ○○ 도시로 옮긴 다음 ○○, ○○, ○○ 등을 구경하고 숙박(2박). 다음엔 ○○ 도시로 옮긴 다음 ○○, ○○, ○○를 구경하고 숙박(3박)…… 등으로 당신이 예정한 기간 만큼의 일정표를 짜봅니다.

네 번째, 숙박할 장소로 호텔이나 민박집, 혹은 지인들 집을 찾아봅니다. 돈 걱정은 안 해도 되니 최대로 멋진 장소에서 주무십시오.

다섯 번째, 매일 우리는 세끼 식사를 해야 합니다. 아침, 점심, 저녁을 어디에서 무엇을 먹을 것인가도 그 도시의 관련 자료를 찾아 결정해봅니다. 상상 여행이니 최고로 멋진 식당에서, 최고로 비싼 음식을 먹어도 됩니다.

여섯 번째, 같이 가고 싶은 동반자를 생각해봅니다.

일곱 번째, 다시 일정표를 보면서 그 지역, 도시의 역사, 특성, 유명 관광지 등을 메모해둡니다. 더 용기가 있다면, 그 지역의 관련 역사서를 한 번쯤 보는 것도 좋습니다. 라틴 아메리카를 간다면 남아메리카 관련 역사서를, 북유럽을 간다면 유럽사를, 베트남을 가고 싶다면 베트남 근대사 등을 도서관에서 찾아봅니다.

마지막으로, 아마도 분량이 꽤 되어버린 당신의 여행노트를 처음부터 검토합니다. 혹시 일정을 변경하고 싶으면 하시고, 그렇지 않으면 색연필로 중요 사항을 표시해둡니다. 그 도시에서 꼭 사야 할 물건, 기념품, 특산품 등이 있으면 반드시 메모해둡니다.

이 여행노트를 여러 번 보시기 바랍니다. 당신은 그 노트를 만든다고 행복했을 것이고, 상상한다고 더 행복했을 것입니다. 그곳을 실제 여행한 사람 못지않게 그 도시와 박물관에 대해 해박할 것입니다. 그런 다음, 실제로 기회가 되면 진짜 여행을 가세요. 당신은 아는 만큼 보인다는 것을 실감하고 또 행복할 것입니다.

242

많은 여행을 하셨을 것입니다. 어린 시절부터 시작해서 날짜, 장소, 동행자, 특별한 기억 등을 기억나는 대로 적어보세요.

---

243 그중에서도 '가장 기억에 남은 여행' 하나를 선택하여, 누구와 어디를 갔으며, 왜 그 여행이 나에게 가장 인상적이었는지를 적어봅니다.

244

여행가고 싶은 곳을 하나 결정하여, 위에 제시된 순서대로
여행 계획서를 작성해봅니다.

엔딩 노트

공부하기 — 평생교육 현장 참여하기

배움에는 나이가 없다고 합니다. 배움의 본질은 호기심입니다. 호기심은 사람을 덜 늙게 만들고, 인지기능을 원활히 해준다고 합니다.

프랑스의 지역대학에는 노인들만 가는 단과대학('제3대학'이라 불리는)이 있습니다. 학점이수를 통해 학위도 가능한 대학입니다. 그러나 학위를 받기 위해 등록하는 노인들보다는 '자기가 하고 싶었는데 못 했던 공부', '지금 더 즐기고 싶은 공부'를 위해 등록을 하는 노인들이 많습니다. 가장 인기 있는 분야는 예술, 언어, 역사와 철학 분야입니다. 일과 상관없이 하고 싶은 공부는 '인간이란?', '인생, 죽음, 사랑은 도대체 무엇일까?', '음악, 미술, 문학과 같은 위대한 예술은 어떻게 만들어졌으며, 그것들이 우리에게 주는 메시지란?', '십자군 전쟁이 지금의 유럽 무역에 어떤 영향을 주고 있을까?', '커피, 담배, 와인의 역사는?' 등과 같은 것이라고 합니다.

우리 주변에는 대학부설 평생교육원, 노인복지관, 그외 개인적으로 운영되는 많은 학당 등이 있습니다. 주민자치센터, 백화점 문화교실의 주 고객도 대부분 장·노년층입니다. 마음만 먹고 주위를 둘러보면 유, 무료 교육이 많습니다. 언어(영어, 중국어, 일본어, 이탈리아어 등), 인문학(동양철학, 서양철학, 서양사, 동양사, 한국사 등), 문학(글쓰기, 문학치료 등), 예술(피아노, 색소폰, 가곡, 서양미술, 동양미술사, 금속공예 등), 자격과정(상담사, 건물관리사 등), 그외 교양강좌 등 참으로 많습니다.

이 공부들은 시험을 치는 것도 아니고, 숙제도 없는 그야말로 자발적 공부입니다. 그 공부를 통해 다시 인생을 해석하고, 다시 성숙한 인간관계를 만들면서 '벼가 익으면 고개 숙이듯' 훌륭한 늙은이로 성장해갈 것입니다. 그런 자신의 성장을 바라보는 것이 또한 기쁨이고 행복입니다.

건강해서 혼자 다닐 수 있을 때까지(친구가 있다면 더없이 좋고) 열심히 배우고 열심히 깨치는 그런 사람이 되시길 바랍니다.

245 지금, 무엇을 배우러 혹 공부하러 다니십니까? 한번 적어보세요.

엔딩 노트

246 당신이 더 분발한다면, 무엇을 더 배우러 혹 공부하러 다니고
싶은가요?

----

247 혹시 이런 배움을 통해 당신이 도달하고 싶고, 이루고 싶은
목표가 있습니까? 있다면 무엇입니까?

----

248 당신이 감명 깊게 읽은 자서전이 있습니까? 지금부터라도
한번 찾아서 읽어보시고, 그 느낌을 적어보세요.

나의 자서전

이 책은 '당신의 마지막 책(엔딩 노트)'일 수도 있습니다만, 당신이 더 분발하시면 이 '작은 자서전'을 기본으로 하여 더 훌륭한 '당신의 자서전'을 만들 수 있을 것입니다.

249 당신의 자서전의 목차를 한번 구성해보세요.

----

250 당신 자서전의 제목을 만들어보세요.

✻ 217번 질문에 어떤 답을 하셨는지요?

참고문헌

그림책

릴리아 글·그림, 『파랑 오리』, 킨더랜드, 2018.

모니카 페트 글, 안토니 보라틴스키 그림(김경연 옮김), 『행복한 청소부』, 풀빛, 2000.

미샤 다미얀 글, 요세프 빌콘 그림(신형건 옮김), 『아툭』, 보물창고, 2004.

볼프 에를브루흐 글·그림(김경연 옮김), 『내가 함께 있을게』, 웅진주니어, 2007.

하재경, 『숲으로 간 코끼리』, 보림, 2007.

자서전 작성법

노항래, 『삶은 기록을 남긴다』, (협)은빛기획, 2016. 비매품.

린다 스펜스(황지현 옮김), 『내 인생의 자서전 쓰는 법』, 고즈윈, 2008.

미래를소유한사람들, 『엔딩 노트』, 미래를소유한사람들, 2014.

와카오 히로유키(홍주영 옮김), 『당신의 엔딩을 디자인하라』, 타커스, 2015.

요시모토 바나나·윌리엄 레이넨(황소연 옮김), 『요시모토 바나나의 인생을 만들다』, 21세기북스, 2013.

임순철, 『자서전』, 한국기록연구소, 2016.

조성일, 『나의 인생 이야기 자서전 쓰기』, 시간여행, 2017.

조은경, 『종활노트』, 늘봄, 2018.

한국다잉매터스, 『엔딩 노트』, 2016, 비매품.

자서전

간디(함석헌 옮김), 『간디 자서전』, 한길사, 2002.

거트루드 스타인(권경희 옮김), 『앨리스 B. 토클라스 자서전』, 연암서가, 2016.

김구, 『김구 백범일지 '나의 소원' 자서전』, 부크크, 2018.

김대중, 『김대중 자서전』 1·2, 삼인, 2010.

김열규, 『늙은 소년의 아코디언』, 산지니, 2012.

김점선, 『나, 김점선』, 깊은샘, 2004.

김혜순, 『죽음의 자서전』, 문학실험실, 2016.

노무현(사람사는 세상 노무현재단 엮음), 『운명이다』, 돌베개, 2010.

니코스 카잔자키스(안정효 옮김), 『영혼의 자서전』 상·하권, 열린책들, 2009.

박덕만, 『사랑하는 나의 가족에게』, 해피엔딩, 2013.

벤자민 프랭클린(이계영 옮김), 『프랭클린 자서전』, 김영사, 2001.

소니아 소토마요르(조인영 외 옮김), 『희망의 자서전』, 사회평론, 2017.

스콧 니어링(김라합 옮김), 『스콧 니어링 자서전』, 실천문학사, 2000.

안정효, 『세월의 설거지』, 세경, 2017.

안중근, 『안중근 의사 자서전』, 범우, 2014.

이기숙, 『모녀 5세대』, 산지니, 2015.

첸리췬(김영문 옮김), 『내 정신의 자서전』, 글항아리, 2012.

파라마한사 요가난다(김정우 옮김), 『요가난다, 영혼의 자서전』, 뜨란, 2014.

파블로 네루다(박병규 옮김), 『파블로 네루다 자서전』, 민음사, 2008.

헬렌 켈러(박에스더 옮김), 『사흘만 볼 수 있다면』, 사우, 2018.

이기숙 李琦淑

1950년 부산 출생. 신라대학교 가족노인복지학과 교수를 정년퇴직하고,
현재는 '한국다잉매터스' 대표를 맡고 있다. 죽음 관련 강의와 연구 그리고
엔딩 노트와 사전연명의료의향서 보급 사업을 수행하고, 부산여성사회교육원,
여성인권지원센터 살림 등 시민·여성 운동단체에서 활동하고 있다.
『성인발달과 노화』,『죽음: 인생의 마지막 춤』,『모녀 5세대』,『당당한 안녕:
죽음을 배우다』등 30여 권의 공·저서가 있다.

엔딩 노트
나의 작은 자서전 만들기

초판 1쇄 발행 2019년 4월 20일

지은이 이기숙
펴낸이 강수걸
편집장 권경옥
편집 강나래 윤은미 이은주
디자인 권문경 조은비
펴낸곳 산지니
등록 2005년 2월 7일 제333-3370000251002005000001호
주소 부산시 해운대구 수영강변대로 140 BCC 613호
전화 051-504-7070 | 팩스 051-507-7543
홈페이지 www.sanzinibook.com
전자우편 sanzini@sanzinibook.com
블로그 sanzinibook.tistory.com

ISBN 978-89-6545-596-7 03190